Más allá de

la Ley

de la

Atracción

Grupo ROBIN BOOK

Barcelona - México
Buenos Aires

Más allá de

la *Ley*
de la
Atracción

Brenda Barnaby

Descubre las reglas de la excelencia

Un sello de Ediciones Robinbook
información bibliográfica
Indústria, 11 (Pol. Ind. Buvisa)
08329 - Teià (Barcelona)
e-mail: info@robinbook.com
www.robinbook.com

© 2008, Ediones Robinbook, S.L.

Diseño de cubierta e interior: La Cifra (www.cifra.cc)

ISBN: 978-84-7927-973-8

Depósito legal: B-17.265-2009

Impreso por EGEDSA
Rois de Corella, 12-16, 08205 Sabadell (Barcelona)

Impreso en España - *Printed in Spain*

Índice

Introducción

Este libro te permitirá conseguir la prosperidad y el bienestar que siempre has deseado, por medio de la Ley de la Atracción del Universo. Y lo podrás hacer sin grandes esfuerzos; sólo leyéndolo, aceptando sus principios y aplicando sus consejos. Tu mente entrará en contacto con las energías del cosmos regidas por esa Ley, y sólo deberás seguir las indicaciones contenidas en estas páginas para superar tus problemas. La Ley de la Atracción va a transformarte en un triunfador admirado, respetado... ¡y con una economía floreciente!

¡TÚ PÚEDES ALCANZAR EL ÉXITO USANDO LA LEY DE LA ATRACCIÓN!

La Ley de la Atracción del Universo es un secreto milenario, que ya conocían los sacerdotes egipcios y babilónicos; los gurús del hinduismo; los sabios de la antigüedad, como Platón y Pitágoras; los maestros de la tradición esotérica, y las sociedades secretas como los *Illuminati* y la Masonería. El carácter ocultista de ese conocimiento hizo que el poder de la Ley de la Atracción y su aplicación se limitaran durante siglos a unos pocos iniciados.

Una antigua leyenda hindú

Hubo un tiempo en que todos los hombres eran dioses. Pero abusaron tanto de su divinidad, que Brahma los despojó de ella y decidió mantenerla oculta hasta que la humanidad la mereciera. El problema era dónde esconder el poder de la divinidad para que nadie pudiera encontrarlo. Brahma convocó a todos los dioses y diosas menores, y les planteó la cuestión.

La primera propuesta fue la de enterrar el poder de la Divinidad bajo tierra. Pero Brahma se negó diciendo: «No, eso es muy arriesgado. Alguna vez alguien excavará la tierra y lo encontrará». Los dioses menores sugirieron entonces ocultar el poder de la divinidad en la profundidad del océano. Pero Brahma volvió a negarse, diciendo: «No, porque alguna vez los hombres explorarán todo el fondo de los mares, y lo encontrarán».

Al no encontrar un lugar en el mundo donde esconder el poder de la divinidad, los dioses menores preguntaron a Brahma qué podían hacer. Y el dios de los dioses dijo: «Esto es lo que haremos con el poder de la divinidad: lo ocultaremos en las mismas profundidades del hombre, porque nunca pensará en ese lugar para buscarlo».

A principios del siglo XX algunos pensadores se propusieron sacar a la luz la divinidad que todos llevamos en nuestro interior. Surgieron así movimientos como el Nuevo Pensamiento y el Pensamiento Positivo, que desvelaron el verdadero poder energético de nuestro cerebro y de las vibraciones mentales en relación con una «energía cósmica», cuyo origen tuvo diversas interpretaciones (religiosa, mística, metafísica, científica, etc.) según cada autor o corriente de aquel momento.

Al iniciarse el presente siglo la australiana Rhonda Byrne obtuvo un rotundo éxito internacional con su libro titulado *The Secret* (2006),★ que alcanzó el primer puesto en las listas de *best sellers* de todos los países en que se comercializó y traducido a numerosas lenguas. El gran mérito de Byrne fue traer al presente y al gran público el secreto de la Ley de la Atracción, a partir de sus propias experiencias y las explicaciones de 24 reconocidos expertos en los distintos aspectos del tema.

¡Eres el imán más poderoso del Universo!
Tienes un poder magnético en tu interior que es lo más fuerte
en este mundo, y este poder magnético insondable se emite a través
de tus pensamientos.

Rhonda Byrne

Inspirándome en la obra de Rhonda Byrne, mi equipo y yo elaboramos y publicamos en 2007 un libro titulado *Más allá de El Secreto*, que obtuvo también una favorable repercusión. No se trataba de una continuación del libro original, sino de ampliar y complementar la información ofrecida por Byrne. Para ello tomamos tanto las fuentes antiguas, orientales, y del pasado siglo, como la experiencia de prestigiosos autores y maestros de la más reciente actualidad. Prestamos especial atención a los consejos, recetas y ejercicios prácticos que permitían al lector trabajar por sí mismo sobre su mente y sus vibraciones para transformar su vida en positivo.

CON UNOS SIMPLES EJERCICIOS PUEDES TRANSFORMAR TU VIDA

★ Edición en español: *El Secreto*, Editorial Urano, Barcelona, 2007.

La mayor parte de las preguntas y consultas recibidas de los lectores de *Más allá de El Secreto*, se refieren a cuestiones económicas y profesionales: cómo liquidar sus deudas, cómo tener más ingresos, cómo triunfar en sus negocios, cómo ascender en su trabajo, cómo alcanzar la excelencia en su actividad, y otros problemas del mismo ámbito. Sería un error considerar que a esos lectores sólo les preocupa las cosas materiales y el prestigio personal. Desear una situación económica desahogada y el reconocimiento de nuestros méritos, no es necesariamente una muestra de materialismo y egoísmo. En numerosos casos esos logros son la clave imprescindible para poder triunfar en otros parámetros vitales: como la libertad de acción, la capacidad de decidir, la seguridad de la familia, la posibilidad de apoyar y ayudar a causas nobles y el disfrute del ocio, del arte y de la cultura.

La riqueza es un estado mental, y su fuente se halla en el pensamiento. El dinero que parece venir a los ricos por caminos misteriosos, procede del interior, es el resultado de una determinada actitud mental.

Andrew White

El señor White no es un «gurú» mentalista ni un maestro esotérico, sino un periodista y escritor especializado en temas financieros y de empresa. La cita anterior demuestra que aun los analistas profesionales en temas económicos saben que la riqueza material es resultado de la riqueza mental. Si hacemos que nuestra mente se enriquezca en pensamientos cuya energía produzca vibraciones positivas, la Ley de la Atracción nos hará alcanzar el éxito económico que ambicionamos.

LA RIQUEZA QUE AMBICIONAS YA ESTÁ LATENTE DENTRO DE TI

Con el fin de atender a las demandas de nuestros lectores, y además bucear más profundamente en los infinitos poderes de la Ley de la Atracción, decidimos elaborar este *Más allá de la Ley de la Atracción,* centrando su contenido en la obtención del éxito. Es decir, explicando las razones y las actitudes por las cuales esa ley te permitirá alcanzar una abundante prosperidad y un amplio reconocimiento social y profesional.

Sabemos que existen centenares de libros, teorías, sistemas y cursos que prometen enseñarte a triunfar y tener éxito, sobre todo en el mundo empresarial. Algunos de estos recursos pueden ayudarte, siempre que te rompas la cabeza siguiendo sus métodos, trabajes muy duro y tengas bastante suerte. Aquí no se trata de eso, sino de que «cambies el chip» y comprendas que todo lo que ocurre en el Universo, incluyendo tu persona, está gobernado por unas leyes tan insondables como infalibles.

EL UNIVERSO Y TU MENTE TE LLEVARÁN A UNA VIDA MARCADA POR EL ÉXITO

Ahora sólo debes adentrarte en este libro. No te deseamos suerte, porque no la necesitas. Pero te pedimos que lo leas con gran atención, comprendiendo e interiorizando su contenido. Y que luego sigas fielmente los sencillos pasos que debes cumplir para convertirte en una persona exitosa. Y... **¡enhorabuena, futuro triunfador!**

1.

Más allá de El Secreto

Tú eres quien diseña tu destino. Eres el autor. Escribes la historia.
La pluma está en tu mano y el resultado es el que elijas.

Lisa Nichols

*E*l libro de Rhonda Byrne se abre con una cita de la llamada «Tabla de Esmeralda», o *Smaragdina*, un texto de hace unos 5.000 años atribuido al dios egipcio Toth, que los griegos llamaron Hermes Trimegisto (el tres veces sabio), fundador mítico de la tradición hermética. Esa inscripción milenaria, basamento de toda la sabiduría ancestral, afirma lo siguiente:

> *Como es arriba es abajo, como es adentro es afuera.*
>
> *Tabla Smaragdina*

A partir de esa sentencia Byrne y sus diversos colaboradores nos revelan que *El Secreto* recuperado es la poderosa Ley de la Atracción del Universo. Como dice uno de sus coautores, el filósofo y escritor Bob Proctor: *«Todo lo que llega a tu vida es porque tú lo has atraído. Y lo has atraído por las imágenes que tienes en tu mente. Todo lo que piensas, lo atraes».* Se supone que esa atracción se produce en consonancia con la máxima de la Tabla Esmeralda: tu mente, que está adentro y abajo, emite pensamientos cuyas vibraciones alcanzan la dimensión especular que está afuera y arriba. Esa dimensión es la fuerza del Universo (Dios, la energía cósmica, una sustancia creadora, etc.), que actúa en consonancia sobre el acontecer de tu vida y tu destino personal. Veremos más adelante la cuestión de qué ocurre cuando tus vibraciones son negativas.

En el capítulo dedicado a cómo utilizar *El Secreto*, o sea la Ley de la Atracción, Rhonda Byrne y sus coautores basan el proceso de crear una realidad distinta en tres pasos sencillos: «pide, ten fe y recibe». Otorgan así un matiz místico a la energía cósmica y sus leyes, en tanto sería «alguien» que recibe tu pedido y lo entrega sólo si tienes fe (No todos los autores comparten esta visión casi teológica, entre ellos J. A. Ray, que llega a considerar la Ley de la Atracción como un fenómeno científico). En el resumen de nueve puntos que cierra ese capítulo, cabe destacar dos de ellos, que explican cuál debe ser tu actitud ante la Ley de la Atracción:

Pedir al Universo lo que quieres es una oportunidad para tener claro tu deseo. En el momento en que te aclares, habrás pedido. Creer implica actuar, hablar y pensar como si ya hubieras recibido lo que has pedido.

Cuando emites la frecuencia de haber recibido, la Ley de la Atracción mueve a las personas, acontecimientos y circunstancias para que recibas.

Pasemos ahora a analizar cómo trata *El Secreto* un tema fundamental para los propósitos del presente libro sobre el éxito y la prosperidad. «*La única razón por la que una persona no tiene suficiente dinero es porque está* **bloqueando** *su llegada con sus pensamientos* —nos dice Byrne—. *Todo pensamiento, sentimiento o emoción negativos bloquean que lo bueno llegue hasta ti, y eso incluye el dinero.*» Según la autora, ese bloqueo se produce (lo produces) cuando piensas constantemente en tus problemas y tus deudas, lo que descompensa la balanza entre tu preocupación porque necesitas dinero y el deseo de tener más de lo que necesitas. Si pesa más tu problema económico, atraerás más problemas económicos. En palabras de Byrne: «*Cuando sientes que necesitas dinero esperimentas un sentimiento muy fuerte y, por supuesto, por la Ley de la Atracción continúas atrayendo esa necesidad de dinero*». O sea más gastos, deudas y fracasos financieros.

Ten más pensamientos de abundancia que de carencia, y habrás compensado la balanza.

Rhonda Byrne

Otro aspecto fundamental que señala *El Secreto* es el de poder superar la contradicción entre las leyes del Universo y la tradición cultural que prioriza el trabajo y el esfuerzo como fuente de todo éxito económico. *«A mí me educaron con la idea de "para ganar dinero has de trabajar mucho"* —relata la coautora Loral Langeimer, asesora financiera personal— *Yo la reemplacé por "el dinero viene fácilmente y con frecuencia". Al principio suena como una mentira, ¿verdad?»* Sí, es verdad, porque desde hace siglos las ideas dominantes condenan la teoría de que la abundancia es fácil de obtener sin necesidad de grandes sacrificios. ¿Cómo aceptar que el pensamiento decide nuestra riqueza o pobreza, por influjo de una Ley universal que gobierna nuestras vidas?

Rhonda Byrne reafirma la cuestión planteada por Langeimer: *«Si alguna vez has pensado "tengo que trabajar mucho y esforzarme para ganar dinero", elimina inmediatamente ese tipo de pensamiento* —nos dice—. *Pensando de esa manera has emitido una frecuencia que se ha convertido en las imágenes de la experiencia negativa de tu vida. Sigue el consejo de Loral Langeimer y sustituye esos pensamientos por otros del tipo "el dinero viene fácilmente y con frecuencia"».*

Resaltamos esta cuestión que plantean Byrne y sus coautores, por entender que es un problema clave, un punto de inflexión que nos permitirá o no acceder al «afuera y arriba», entrar en contacto con una dimensión cósmica que está más allá del conocimiento y la experiencia humana. Sólo despejando tu mente de prejuicios históricos y abriéndola para recibir lo insondable, podrás obtener el éxito que deseas y mereces. Como dice una de las coautoras del libro:

Tú eres quien diseña tu destino. Eres el autor. Escribes la historia. La pluma está en tu mano y el resultado es el que elijas.

Lisa Nichols

Para finalizar este apartado dedicado a reseñar el contenido de *El Secreto*, la exitosa obra de Rhonda Byrne, reproducimos a seguir el resumen con el que ella misma cierra su libro:

Resumen de El Secreto

* Has de rellenar el espacio en blanco de la pizarra de tu vida con aquello que más desees.
* Lo único que debes hacer es sentirte bien ahora.
* Cuanto más utilices tu poder interior, más poder atraerás hacia ti.
* Estamos en medio de una era gloriosa. Cuando abandonemos nuestros pensamientos limitadores, experimentaremos la verdadera magnificencia de la humanidad en todos los aspectos de la creación.
* Haz lo que te gusta. Si no sabes qué es, pregúntate: «¿Qué es lo que me hace feliz?». Cuando te comprometas con tu felicidad, atraerás una avalancha de cosas buenas porque estarás irradiando felicidad.
* Ahora que conoces El Secreto, lo que hagas con él es cosa tuya. Todo lo que elijas será correcto. El poder es tuyo.

Vayamos más allá...

Nuestro libro *Más allá de El Secreto* se publicó unos meses después de la edición de *El Secreto* de Byrne. No por el gran éxito de éste sino porque creímos que, fueran cuales fueran sus cifras de ventas, la importancia de su revelación merecía que fuera comentada, analizada y a ser posible enriquecida. Por nosotros y por otros autores, como finalmente ha sucedido. Decidimos trabajar con absoluto respeto por la obra original, ampliando y complementando su contenido desde un enfoque positivo y objetivo. Y así lo expresaba el texto de presentación:

Nos merece sincero respeto el excelente trabajo personal de Rhonda Byrne, así como la claridad con la que se exponen en su obra conceptos que no siempre son fáciles de explicar. Pero sobre todo, admiramos y compartimos su profunda y entusiasta fe en el poder secreto de nuestra mente, infundido para cambiar nuestras vidas y alcanzar la plenitud, el bienestar y la satisfacción de nuestros fines.

Desde esa perspectiva comenzamos por rendir homenaje a los precursores que en los inicios del siglo XX recuperaron la ancestral sabiduría sobre las leyes del Universo. No sólo explicando su extraordinario poder, sino también restableciendo la relación perdida entre la Ley de la Atracción y nuestro pensamiento.

Desfilan por esas páginas los primeros adelantados de ese proceso, como James Allen, que en 1902 publicó *Como un hombre piensa, así es su vida*, verdadero pilar de la teoría que liga nuestra vida a lo que piensa y visualiza nuestra mente. En sus palabras:

*El hombre * es el amo de su pensamiento, el creador de su carácter, y quien produce y moldea su condición, su entorno y sus destino». Y adelanta de inmediato una idea fundamental: «Como un ser de fuerza, inteligencia y amor, y dueño de sus propios pensamientos, posee la llave de toda situación y lleva en sí la potencia de transformarse y regenerarse para hacerse a sí mismo como él desea».*

★ En esa época el término «hombre» designaba a toda la especie humana, incluyendo por supuesto a la mujer. Es evidentemente un prejuicio de género, pero se ha utilizado sin rubor hasta hace muy poco tiempo, y aún suele usarse por ignorancia o indiferencia.

Cuatro años más tarde William Walker Atkinson publicó *Thought Vibration or the Law of Atraction in the Thought World,* que puede traducirse como «La vibración del pensamiento o la Ley de la Atracción en el mundo mental». Un título que por sí mismo abre el camino para interpretar la Ley de la Atracción como la interacción entre la energía que emite nuestra mente y las vibraciones del mismo signo que nos rodean. Los hallazgos de Atkinson son sin duda deudores de los adelantos de la neurología y la psiquiatría en su tiempo. En especial los experimentos que demostraron que los pensamientos elevaban la temperatura en ciertas zonas del cerebro. Es también la época del electromagnetismo, la medición de la velocidad de los rayos de luz, y el dominio de las ondas de radio. Atkinson conjuga todos esos hallazgos para construir una teoría coherente de la potencia de la Ley de la Atracción.

Las ondas mentales poseen la propiedad de despertar vibraciones similares en la mente de otras personas, que entran en su campo de fuerza de acuerdo con las leyes de influencia mental.

William W. Atkinson

Otro aporte imprescindible correspondió a Wallace Wattles, impulsor de la corriente del «Nuevo Pensamiento», y autor de la célebre obra *La ciencia de hacerse rico (1910),* que casi cien años después inspiraría las investigaciones de Rhonda Byrne para *El Secreto.* Pese al aparente matiz materialista de su título, el libro presenta ideas novedosas y profundas, que llevaron a que muchos estudiosos consideren a su autor como el padre del mentalismo moderno.

Si Allen estableció que la fuerza de nuestro pensamiento gobierna nuestro carácter y circunstancias; y Atkinson extendió el poder de las vibraciones mentales a la posibilidad de influenciar las mentes de otras personas; Wattles fue el primero en relacionar esas vibraciones con una energía creadora metafísica, que a falta de mejor nombre denomina «sustancia amorfa». Y explica así

la interrelación entre nuestro pensamiento y esa omnipotente energía: «*Un pensamiento en esa sustancia esencial, produce lo que imagina ese pensamiento. Una persona puede imaginar cosas en su mente, y si imprime ese pensamiento en la sustancia amorfa, se creará la cosa que ha imaginado*».

El objetivo de toda vida es desarrollarse, y todo ser viviente tiene el derecho inalienable a todo el desarrollo que pueda alcanzar.

Wallace Watters

Estas tres personalidades pioneras dieron paso a un conjunto de nuevos maestros mentalistas, fundadores de distintas escuelas y corrientes de pensamiento positivo, utilizando como base fundamental la Ley de la Atracción. Veamos algunos citados en el primer volumen de *Más allá de El Secreto*:

• NAPOLEÓN HILL (1883-1970) •

Autor de *Piense y hágase rico*, uno de los libros que más influyeron en el desarrollo del mentalismo moderno y los sistemas de autoayuda. Fue el primero en exponer ejercicios y consejos prácticos a los lectores, para aplicar lo que él denominaba «Filosofía del éxito».

• EARL NIGHTINGALE (1921-1989) •

Discípulo y continuador de Napoleón Hill, fue autor de *The Strangest Secret* El secreto más extraño, un verdadero clásico que inspiró a varios autores posteriores, entre ellos también a Rhonda Byrne. En sus numerosos libros difundió una visión humanista del éxito, basada en trazarse un objetivo alcanzable y en disfrutar las alegrías de la vida cotidiana.

• JOSEPH MURPHY (1898-1981) •

Reconocido maestro de mentalistas, dedicó su vida a estudiar y promover las energías del poder mental y espiritual. Fundó la Iglesia de la Ciencia Divina, en Los Ángeles, que dirigió durante treinta años. Predicó su convicción de que el poder mental permite alcanzar lo que realmente deseamos, comenzando por los pequeños problemas hasta alcanzar el éxito.

¡Comienza ahora, hoy, deja que ocurran verdaderos milagros en tu vida!

Joseph Murphy

El siguiente capítulo se titula «La oportunidad del nuevo milenio», y destaca que el actual siglo XXI supone unas condiciones muy favorables para emplear la Ley de la Atracción. «*El inicio del tercer milenio significó un cambio de era, una transformación cósmica que influyó en en las coordenadas del Universo y sus vibraciones astrales* —explicamos al comienzo de ese apartado—. *Ese fenómeno trajo consigo cambios sustanciales en la relación entre la energía subyacente en nuestra mente y las fuerzas que interactúan con ella para alcanzar nuestros objetivos.*» Y añadíamos que vivimos una época muy propicia para las experiencias mentales, y podemos emplear el conocimiento acumulado por los pensadores y guías mentalistas de las últimas décadas. Sus trabajos han revelado la indisoluble unión de la Divinidad (cualquiera sea su nombre y su forma) con nuestra mente, nuestro cuerpo y nuestro espíritu.

Al entrar en el tema de las Leyes del Universo nos remontamos al primer documento escrito, reproduciendo el texto completo de la Tabla Esmeralda, del que ahora conviene extraer algunas citas muy significativas. La inscripción comienza con la siguiente afirmación:

Cierto, sin error, verdadero y muy cierto: que lo que está arriba es como lo que está abajo, y lo que está abajo como lo que está arriba, para producir los milagros de la cosa Una.

Luego de fundar la magnífica máxima del Universo doble y especular, ya citada en estas páginas, nos dice que esa dualidad existe para *«producir los milagros de la cosa Una»*. Pero, ¿qué es esa cosa Una? Sin duda se trata de un ente creador, según sigue explicando la Tabla:

> *Y como todas las cosas fueron creadas desde la Una, por medio de la meditación de la Una, luego todas las cosas vienen desde la Una, a causa de la transformación.*

Se confirma que la cosa Una es un ente pensante creador, semejante a las diversas deidades creadoras de las religiones históricas. Pero, ¿qué significa la apostilla *«a causa de la transformación»*? Se puede suponer que esa transformación es el resultado de la acción vibratoria de la energía creadora de la cosa Una, tal como lo describe Wallace Wattles para su «sustancia amorfa». Y como afirmaba este autor, esa energía es la que permite que tú también seas creador de «cosas».

> *El Padre de todas las cosas del mundo está aquí. Su poder es integrador si puede volver a la Tierra (...) Por tanto, tú puedes poseer la gloria de la totalidad del mundo, y te podrás orientar en la absoluta oscuridad.*

Resulta muy claro que estos textos de la tabla Smaragdina, grabados en el año 3.000 a. C., contienen ya las ideas esenciales del mentalismo contemporáneo, incluyendo la Ley de la Atracción y el Nuevo Pensamiento.

Es precisamente el Nuevo Pensamiento el tema siguiente de nuestro primer volumen. Ese movimiento surgió en Estados Unidos a finales del siglo XIX, centrado en una serie de ideas místicas y espirituales provenientes del mentalismo. El primer autor que utilizó el término Nuevo Pensamiento *(New Thought)* fue Phineas Quimby, seguido por una pléyade de notables pensadores como Ralph Waldo Emerson, Ernest Holmes, Horatio Dresser, el ya citado Joseph Murphy. Holmes fue uno de los más activos y eficaces promotores de esa nueva fe. En su juventud profesaba en la Iglesia de la Ciencia Cristiana, donde estudió teología y filosofía con Emma Curtis Hopkins, gran maestra en el campo del mentalismo. Poco después Holmes fundó la Iglesia de la Ciencia Religiosa para predicar su teoría, que describió en el libro *Ciencia de la mente* (1938).

El espíritu es verdadero y eterno, la materia es irreal y temporal.

Mary Baker Eddy

La base doctrinal del Nuevo Pensamiento es el «Monismo», o creencia en una energía divina que creó el Universo y está presente en todas sus manifestaciones, incluyendo a cada uno de nosotros. Somos parte de la Divinidad, así como todos y todo lo que nos rodea. El pensamiento evoluciona para crear nuestra personalidad y sus circunstancias, por medio de la meditación, la concentración en pensamientos positivos, la autoestima mental y espiritual, y el ruego y agradecimiento a la Divinidad. Esta filosofía mística se difundió rápidamente por todo el mundo y su rama más extendida, la Iglesia de la Unidad, mantiene aún hoy 900 congregaciones en quince países.

Varias escuelas y corrientes del Nuevo Pensamiento admiten la coexistencia con el Cristianismo, y algunas aceptan adeptos a otras religiones. La condición insoslayable es que el credo compartido no entre en conflicto con los cinco principios fundamentales de su doctrina:

* *Dios es la fuente y el creador de todo. Es único, bondadoso y está presente en todas partes y en todas las cosas.*
* *Los humanos somos seres espirituales, creados a la imagen de Dios. El espíritu de Dios está presente en cada uno, y por eso toda persona es intrínsecamente buena.*
* *Los humanos creamos nuestras experiencias de vida por medio de nuestro pensamiento.*
* *Los pensamientos positivos son poderosos, porque favorecen nuestra relación con Dios.*
* *No basta con reconocer estos principios espirituales, sino que debemos vivirlos y experimentarlos.*

Como vemos, los puntos 3 y 4 tienen cierta relación con la Ley de la Atracción, pero la doctrina del Nuevo Pensamiento mantiene también una fuerte raigambre en las religiones monoteístas históricas.

Nunca hubo un pensamiento humano, todo pensamiento es divino, aunque dentro de la condición humana. No necesitamos buscar otros poderes, porque ya poseemos el más grande poder.

Ernest Holmes

Tras explicar los fundamentos teóricos y los antecedentes conceptuales del Nuevo Pensamiento y la Ley de la Atracción, el libro pasa a un capítulo titulado «Aprende a explorar tu mente». En él se describen los recursos que puedes utilizar para obtener un empleo eficaz de la Ley de la Atracción, expuestos por prestigiosos maestros mentalistas de la actualidad.

Se indica cómo debes encarar el análisis de tu situación actual, la respiración profunda, la meditación y la concentración, el rechazo de los pensamientos negativos, la superación del miedo y los temores, y la maravillosa experiencia de la visualización creativa. En tanto esos consejos y ejercicios se explican con detalle en *Más allá de El Secreto*, proponiendo incluso varias opciones para que cada uno escoja su propio plan de acción, no creemos necesario repetirlos aquí. En su lugar, te ofrecemos más adelante recursos concretos y prácticos destinados específicamente a lograr el éxito y la abundancia.

Abundancia es la palabra que utilizo para referirme a la expresión de la infinita energía que existe en el Universo. Dominar la abundancia significa dominar la energía, y viceversa.

Arnold M. Patent

El cuarto capítulo de ese primer volumen se dedica a explicar y proponer diversos tipos de visualizaciones creativas, según el aspecto de tu vida que te sea más imperioso mejorar. Se tratan, entre otros temas, la armonía espiritual, el equilibrio mental, la prevención y recuperación de la salud, o la vida afectiva. Luego considera dos temas vinculados con el del presente libro *Más allá de la Ley de la Atracción*: los objetivos profesionales y laborales y el bienestar económico duradero.

Respecto a lograr la excelencia y el reconocimiento en nuestra actividad, se dice lo siguiente:

> *El hacer bien las cosas y ser reconocido por ello, es un objetivo positivo e imprescindible para una vida completa. Es lo que los psicólogos llaman con acierto «sentirse realizado»; o sea, haber enriquecido tu vida plenamente y poder disfrutar de ello.*

En lo que hace a la ambición de riqueza, o al menos de una seguridad económica consistente, se expresaba: «*Lo espiritual y lo material son dos elementos complementarios para alcanzar una vida plena y feliz. Es falso suponer que existe una situación de bienestar mental y existencial que desdeña los aspectos materiales de la vida. La escasez de dinero y la inseguridad económica son enemigos mortales de la plenitud psíquica y física que deseamos conseguir. Son situaciones que provocan ansiedad y angustia, depresión y miedos negativos, que obstruyen cualquier intento de un cambio favorable que transforme y perfeccione nuestra persona*».

La ley de la vida es la ley de la abundancia.

Christian H. Godefroy

En el apartado final de *Más allá de El Secreto* recordamos las fuentes filosóficas y religiosas que influyeron en la elaboración del Nuevo Pensamiento y en el reconocimiento de la Ley de la Atracción. Ofrecemos a continuación un breve resumen de esas fuentes, con la admiración y el respeto que sin duda merecen.

• HINDUISMO •

Es considerada la religión más antigua en la historia de la Humanidad, y también la que más ha influido en Occidente. Nació en la india entre el segundo y primer milenio a. C., y está dotada de un profundo y complejo mundo espiritual. El hinduismo cree que sus divinidades se proyectan en la mente de cada individuo, por lo que todo ser humano lleva en sí un componente de la divinidad. Más que un credo religioso es una guía o camino de la vida para alcanzar un estado gracia y perfección, el *Nirvana*. Su presencia en América y Europa se expresa en el auge de la meditación trascendente y el yoga, sin desdeñar la adhesión de los Beatles y otras figuras del rock'n roll en los años 60 del pasado siglo.

• BUDISMO •

Es un credo posterior al hinduismo, e inspirado por él. Sus cultores no adoran a una deidad específica, pero veneran a su gran profeta, Siddartha Gautama, un noble del siglo V a. C. Que tomó el nombre de Buda (en sánscrito *Buddha*, «Iluminado»). El budismo es ante todo una filosofía de la vida, un código de conducta, y un camino para alcanzar la serenidad por medio de «Cuatro verdades» dirigidas a suprimir el sufrinmiento. Su culto se extendió rápidamente en Asia, pero sólo llegó a Occidente a fines del siglo XIX a través de su versión japonesa, o budismo Zen. Es indudable que su rechazo del sufrimiento y su fe en las energías del pensamiento y la meditación, influyeron en las ideas de los pioneros mentalistas en el siglo siguiente.

• NEOPLATONISMO •

Este movimiento filosófico recupera los aspectos esotéricos de las teorías de dos sabios de la antigua Grecia: Pitágoras y Platón. Toma del primero su descripción de un sistema planetario perfecto y equilibrado, basado en la relación matemática entre los astros, al que denomina «Cosmos». Pitágoras y sus seguidores buscaban desvelar el secreto de la armonía de los números, para poder explicar la armonía del Universo. Inspirado en los conceptos pitagóricos, Platón propone un dualismo metafísico: un mundo de las ideas, inmutable y perfecto, al que sólo se puede acceder con el pensamiento intelectual, y otro mundo aparente, que es el que vemos y vivimos. Divide así el Universo en dos planos o dimensiones, una verdadera y otra que es su reflejo. Algo bastante similar al «abajo como arriba» de la Tabla Esmeralda.

• OTRAS FUENTES •

Se citan también teorías o experiencias más recientes, como las de Franz Mesmer, precursor del hipnotismo; el Reiky creado por el japonés Mikao Usui en 1922; y la teoría de la inteligencia Emocional.

No hacen falta templos ni complicadas filosofías.
Nuestra propia mente y nuestro corazón son nuestro templo.

Dalai Lama

Hasta aquí un resumen de los contenidos de *Más allá de El Secreto*, que en el presente volumen procuramos enriquecer y completar con nuevos aportes de otros pensadores mentalistas y la información sobre el tema de la más rigurosa actualidad.

2.

El sentido
del éxito

*La imaginación es el comienzo de la creación.
Imaginas lo que deseas, deseas lo que imaginas,
y finalmente acabas creando lo que deseas.*

George Bernard Shaw

Sapientia edificauit sibi d[...]

Scale intell'o

Actio simplex apostino i[...]
Erecibile
Dubitat
Intelligi'e
Imaginale
Ben?
Natra
Sensibile
scala 3
Actio
Passio
Ens
Acc?
scala 2
Intellectus a[...]

Deus
angel?
Celum
Elementa
Brutum
Planta
Flama
Lap?

*S*ean cuales sean tus fracasos en el pasado y tus tribulaciones en el presente, tú tienes perfecto derecho a tener éxito en el futuro. Puedes obtener todo lo que has deseado, ser un triunfador, gozar de admiración, sentirte realizado; y sobre todo, para decirlo claro, puedes hacerte rico. En realidad eso es lo más importante, la clave de todos los otros componentes del éxito.

Es posible que si te dices a ti mismo «lo que yo quiero en la vida es hacerme rico», te parezca una ambición materialista, egoísta y vulgar. Pensarás que tus aspiraciones deberían ser más nobles, más espirituales, más humanistas. Pero esas virtudes no llevan muy lejos en el mundo actual, en especial si las ostenta alguien con muchas deudas y pocos recursos. Tú no eres un monje tibetano ni una émula de la madre Teresa (si lo eres, sigue tu camino con nuestra bendición). Vives en una sociedad occidental en la primera década del siglo XXI, un ámbito duramente competitivo y un tiempo difícil cargado de inseguridades. ¿Sabes lo que necesitas para salir adelante? Dinero, mucho dinero.

No te burles de esa afirmación. Si en tu situación actual te resulta absurda e imposible, casi ofensiva, estás revelando la causa de que no te hayas hecho rico. Si crees que no puedes ganar mucho dinero, si consideras la riqueza como algo totalmente ajeno e inalcanzable, estás emitiendo continuamente un haz de vibraciones negativas, que la Ley de la Atracción rechaza. Y si además piensas todo el tiempo que tus ingresos son bajos, que tus gastos familiares son una carga muy pesada, que te subieron la hipoteca y los impuestos, y que tu jefe o tus clientes no valoran tus esfuerzos, tendrás asegurada la escasez de dinero de por vida.

La mayoría de las personas piensan que su meta es pagar sus deudas. Eso las mantendrá siempre endeudadas; porque atraerán lo que piensan.

Bob Proctor

No pienses más en lo que eres, piensa continuamente en lo que quieres ser. Recuerda la teoría de Wallace Wattles que explicamos en el capítulo anterior: si un pensamiento se imprime en la «sustancia amorfa», ésta lo convierte en una realidad terrena y material. Sustituyamos la ambigua sustancia por la Ley de la Atracción del Universo y sus vibraciones positivas, y el efecto será el mismo. Piensa que tienes mucho dinero, y lo tendrás. Piensa que tienes una gran riqueza, que vives en la opulencia, y así se hará realidad. Ten en cuenta que el libro del viejo maestro Wattles que compendiaba toda su sabiduría se titulaba *La ciencia de hacerse rico.*

¿Ser rico atrae la felicidad?

Durante mucho tiempo la frase: «El dinero no hace la felicidad» se consideró como un axioma innegable. El carácter duradero e indiscutible de esa máxima en la tradición popular pudo servir a los poderosos para desanimar a los desfavorecidos que aspiraban a dejar de serlo. No debemos olvidar, asimismo, que la doctrina evangélica es una continua alabanza a la pobreza y llega a negar que los ricos puedan alcanzar el Cielo. El poder y la religión, que a menudo han sido más o menos lo mismo, predicaron durante siglos a los necesitados la resignación y el consuelo, mientras difundían los incontables males que trae la riqueza (a los demás, claro). Uno de los primeros opositores a esa idea fue del comediógrafo irlandés George Bernard Shaw (1856–1950), que dejó escrito con ironía: «*Ser pobre es pecado*». La contundencia de la frase y la fama de cínico de su autor hicieron que esta afirmación pasara como una más de sus muchas mofas contra lo establecido.

La imaginación es el comienzo de la creación.
Imaginas lo que deseas, deseas lo que imaginas,
y finalmente acabas creando lo que deseas.

George Bernard Shaw

Varias décadas más tarde la audaz afirmación de Shaw tuvo una simbólica repercusión en el ámbito académico. Sociólogos, psicólogos, economistas y otros científicos comenzaron a preguntarse cuál era realmente la relación entre el dinero y la felicidad. En 1974 el economista Richard Easterlin, de la Universidad de Pennsylvania, publicó un estudio para demostrar una tesis que fue conocida como «la Paradoja de Easterlin». Su principio básico sostiene que el obtener más ingresos no produce una mayor satisfacción. Argumentaba que, en las sociedades actuales, quien consigue algo, siempre quiere más. Si al ganar más dinero puede comprarse un piso, querrá comprarse una segunda residencia; si consigue tener un coche excelente, aspirará también a un todoterreno (para ir a la segunda residencia); y así sucesivamente. E incluso el propietario de un negocio floreciente, sufrirá porque no puede absorber el negocio de la competencia. Por lo tanto, tener más dinero sólo crea una nueva insatisfacción.

Easterlin tuvo la prudencia de excluir de esta conclusión a quienes están por debajo del nivel de pobreza, y su paradoja quedó como una versión científica del antiguo aserto, apoyado ahora en la irrefrenable avidez que produce la sociedad de consumo. Su estudio resultaba muy convincente desde el punto de vista estadístico y conceptual. La paradoja de Easterlin se convirtió en un axioma clásico de las ciencias sociales, se reprodujo en prestigiosas publicaciones científicas, y fue mencionada con frecuencia en los medios de comunicación general.

En los últimos años esa idea establecida se vio envuelta en una creciente controversia. En abril de 2008 dos jóvenes investigadores de la misma Universidad de Pennsylvania, Betsy Stevenson y Justin Wolfers, dieron a conocer un estudio que refutaba la famosa paradoja. Su hipótesis es que el dinero realmente incrementa el sentimiento de felicidad, aunque no siempre la garantice. Afirman que en los 34 años transcurridos desde que Easterlin estableciera su tesis, una gran cantidad de estudios han permitido un enfoque más matizado del tema. En palabras de Stevenson: «*El mensaje central es que los ingresos realmente importan*».

El trabajo de Stevenson y Wolfers despertó de inmediato el interés de los economistas de todo el mundo, e incluso motivó una enérgica respuesta de Richard Easterlin, que ahora enseña en la Universidad de California. En una entrevista con David Leonhardt, del *New York Times*, el creador de la paradoja declaró: «Ahora todo el mundo quiere demostrar que la paradoja de Easterlin no se sostiene. Estoy dispuesto a aceptarlo, pero antes me gustaría ver un análisis consistente que lo demostrara».

Daniel Kahneman es un psicólogo de Princeton que paradójicamente ganó el premio Nobel de Economía en 2002, y que ha dedicado su carrera a convencer a los economistas de que el dinero no es tan importante. En perfecta sintonía con la paradoja, opina que hay una «rueda de la ambición» que impide ser felices a los que aumentan sus ingresos. No obstante en otra entrevista reciente ha expresado que el trabajo de Stevenson y Wolfers es «bastante convincente», y que lo considera «una vasta cantidad de evidencias acumuladas de que la paradoja de Easterlin puede no ser cierta».

En lo que respecta a las fuentes estadísticas, uno de los estudios realizados en Estados Unidos reflejó que el 49 % de los que ganaban más de 100.000 dólares al año afirmaban sentirse «muy felices», estado que bajaba a un 24 % de los que ingresaban menos de 30.000 dólares. Una encuesta más reciente de la organización Gallup eleva 250.000 dólares el listón superior, a partir del cual el 90 % se declara «muy feliz». En ese mismo estudio el número de personas que se sienten satisfechas aunque ganen menos de 30.000 dólares se eleva al 42 %. Algunos expertos sugieren que puede existir una relación contraria. Las personas satisfechas y felices tendrían más ánimos y capacidad para dedicarse a obtener mejores ingresos de sus actividades o negocios.

Otra conclusión interesante surgió de un trabajo en el que se entrevistaron 7.000 personas en más de 300 ciudades y pueblos. El estudio demostró que cuanto más dinero ganaba la persona más rica del lugar, el resto manifestaba menos satisfacción con su vida y sus ingresos. Y lo mismo ocurría cuando la mayoría de los residentes en el vecindario ganaban más que el entrevistado, aunque éste tuviera un nivel de ingresos razonable o incluso elevado. Lo cual vendría a demostrar que hay un tipo de insatisfacción que no depende del dinero propio, sino de los ingresos ajenos.

En su libro *Your Money and Your Brain* (*Tu dinero y tu cerebro*) el neuroeconomista, Jason Zweig, miembro de la revista *Money* y articulista de *Time*, afirma que la relación entre éxito y felicidad es siempre relativa, y que depende de tres principales factores:

* ***Qué clase de persona eres.*** El dinero significa cosas diferentes para personas diferentes. Puede ser que te guste coleccionar obras de arte, o que tu pasión sea viajar por el mundo. Puedes tener cinco hijos menores y padres dependientes; o no tener niños y tus padres ser sanos y bien situados.
* ***Cómo gastas tu dinero.*** Algunas compras tienden más a contribuir a tu felicidad que otras. Puedes comprar cocaína o comprar un perro de raza. Puedes gastar en una mesa de comedor de diseño, o contratar un curso de autoayuda.
* ***Cuánto dinero tienes en relación con los que te rodean y tu propia experiencia.*** La fortuna de unos puede ser el infortunio de otros.

Basta con que entendamos cómo funciona nuestro cerebro, para que podamos aplicar sus potencialidades al mundo de los negocios.

Jason Zweig

Para comprender cómo funciona nuestro cerebro, como sugiere Zweig, debemos volver a los principios del Nuevo Pensamiento. Y para aplicar nuestras potencialidades mentales para triunfar en los negocios y las finanzas, disponemos de los mecanismos de la Ley de la Atracción, cada vez más apoyada en los avances científicos.

Hemos dicho antes que el dinero, producido por mejores ingresos o éxitos inversores o bursátiles, es el elemento clave para atraer todos los factores que hacen a nuestra felicidad. Los estudios que acabamos de reproducir parecen confirmarlo. La búsqueda del éxito y el afán de riqueza no son sentimientos negativos, sino todo lo contrario: la abundancia te permitirá superar desafíos, desarrollar tus aptitudes, afrontar adversidades y aumentar tu autoestima. Como resultado tendrás más opciones vitales, más consideración social y prestigio profesional, más seguridad ante las incertidumbres, y la certeza de que puedes consolidar tu familia y afianzar su futuro. Porque tendrás dinero, mucho dinero.

La gente suele darle vueltas a la idea de si el dinero es dinero o el dinero no es dinero. Y antes o después siempre deciden que el dinero es dinero.

Gertrude Stein

La escritora americana Gertrude Stein (1874–1946), amiga de Picasso, Matisse y Hemingway, se rodeó siempre de personas ricas y talentosas. Fue discípula del reconocido psicólogo William James, investigador pionero de los procesos subliminales de la conciencia y de los fenómenos paranormales, que escandalizó el mundo científico de su tiempo al defender el ejercicio libre de los terapeutas mentalistas. Siguiendo a su maestro, Stein aplicó las influencias entre el consciente y el subconsciente, tanto para iluminar su talento literario como para aumentar su cuantiosa fortuna familiar.

Contra lo que suele pensarse y decirse, muchos grandes pensadores, artistas y literatos han elogiado el valor del dinero. Pablo Picasso, cuyo arte lo hizo multimillonario, contaba que en su juventud deseaba «tener mucho dinero, para vivir más tranquilo como pobre». El siempre cáustico George Bernard Shaw expresó sobre el tema: «El dinero no es nada. Pero mucho dinero, eso

ya es otra cosa». Juvenal a su vez dejó escrito que: «el dinero perdido se llora con pesar más profundo que a los amigos o parientes». Desde luego estas personalidades no se referían al dinero sólo como factor económico, sino como elemento simbólico, pero también concreto, del éxito, el bienestar y la felicidad existencial.

En esa misma línea trabaja la doctora Maya Bailey, psicóloga especializada en promoción personal y asesoramiento de empresas, que expresa lo siguiente: «Mucha gente ha crecido con creencias equivocadas sobre el dinero y estos son algunos ejemplos:

* El dinero nunca es bastante.
* El dinero no crece en los árboles.
* Para tener dinero hay que esforzarse y trabajar muy duro.
* El dinero trae muchos problemas.
* La gente rica es deshonesta».

Si alguna de estas frases te resultan familiares, las has utilizado en el pasado o sigues creyendo en ellas, necesitas reprogramar tus pensamientos y sentimientos al respecto. Como eliminar esas creencias erróneas no resulta fácil, es recomendable que acudas a un asesor o *coacher* para poder borrarlas de tu mente. Si prefieres intentarlo por ti mismo, puedes hacer una doble lista de creencias sobre el dinero.

En la columna izquierda pon las creencias erróneas, como las que figuran en la lista anterior de la doctora Bailey. En la columna de la derecha apunta creencias positivas, como las siguientes:

* En el Universo hay abundancia y prosperidad.
* Soy un magneto que atrae esa riqueza.
* El dinero me llega con facilidad y sin esfuerzo.
* Me comprometo a trabajar con más habilidad, no más duro.
* El dinero me trae beneficios a mí y a los demás.
* Crearé un éxito económico total, de forma fácil, relajada, sana y positiva, para el mayor bienestar de todos.

Desde luego no se trata sólo de que escribas la lista, sino de que la leas con atención para fijarla en tu mente. Punto por punto, reflexionando profundamente sobre cada uno, rechazando en tu consciente y subconsciente lo que es falso, y reafirmando los puntos verdaderos. Luego puedes hacer algo concreto que consolide tu decisión, como cortar el papel en dos para separar ambas listas, y romper en pedazos la que contiene pensamientos negativos. O mejor aún, quemarla. El fuego tiene desde el principio de los tiempos un significado purificador, un poder de eliminación definitiva.

Conserva la lista de pensamientos positivos sobre el dinero, y cópialos en distintas tarjetas. Cada día escoge una tarjeta y léela en voz alta, asumiendo en tu mente lo que lees y creyendo totalmente en su verdad. En poco tiempo tu vida comenzará a transitar por el camino de la prosperidad y el éxito.

Y para terminar este capítulo elogiemos el dinero recordando los famosos versos de Francisco de Quevedo:

Poderoso caballero
es don Dinero.
Madre, yo al oro me humillo,
él es mi amante y mi amado,
pues de puro enamorado.
de continuo anda amarillo;
que pues, doblón o sencillo,
hace todo cuanto quiero,
poderoso caballero
es don Dinero.

3.

La abundancia
está en tu mente

Cada fracaso lleva en sí la semilla de un gran éxito.

Napoleon Hill

*E*l gran éxito que deseas está dentro de ti. Tu mente tiene la energía necesaria para materializarlo y hacer realidad todo lo que deseas e imaginas. Sólo deberías ponerla en contacto con la Ley de la Atracción, según lo explicaremos en este libro, por medio de las vibraciones de tus pensamientos positivos. Pero tal vez tienes muchos problemas y piensas demasiado en ellos. Esos pensamientos negativos bloquean la emisión de cualquier pensamiento de signo opuesto y, como la Ley de la Atracción es neutral, atraen nuevos problemas y adversidades a tu vida. Caes así en un círculo vicioso, en un auténtico atolladero. En este capítulo comenzaremos a explicarte cómo puedes salir de este enredo, e iniciar el camino del éxito.

Si queremos resumir la forma en que tus pensamientos positivos pueden crear para ti una vida exitosa, podemos hacerlo así:

* Tu mente reemplaza los pensamientos negativos por imágenes positivas.
* Tu cerebro emite vibraciones de esos pensamientos de éxito.
* Esas vibraciones, captadas por la Ley de la Atracción, atraen la energía del Universo.
* La energía del Universo hace realidad el éxito que has visualizado.

El éxito nunca llega sólo por la suerte, la formación, o el trabajo duro. El éxito es una ciencia.

J. A. Ray

El autor de esta cita es quizás el investigador mentalista más importante de la actualidad. El aporte revulsivo de James Arthur Ray se expresa ya en el título de su último libro: *The Science of Success* («La ciencia del éxito»), auténtico superventas y referente obligado dentro del ámbito de la Ley de la Atracción y el Pensamiento Positivo. Ray sostiene que esa gran ley absoluta se integra con siete leyes básicas del Universo, que describiremos más adelante en estas páginas, cuya poderosa energía domina todos los elementos y acontecimientos del cosmos. Entre ellos, nuestra vida y nuestro destino. Como afirma Ray en su libro: «Vivimos en un sistema ordenado que opera de acuerdo a leyes inequívocas, específicas y predecibles».

Todo en nuestro Universo está organizado y gobernado por esas leyes, desde la más mínima vibración a las olas oceánicas, desde la totalidad del cosmos hasta tu éxito personal. Si te ajustas a esas leyes, inevitablemente triunfarás siempre».

A principios del siglo pasado también W. W. Atkinson buscaba el aval científico a las vibraciones mentales, basándose en las ondas magnéticas y la electricidad. Desde entonces la ciencia ha avanzado de forma sorprendente en muchos aspectos, y algunos de ellos podrían ser un apoyo de la Ley de la Atracción. Los escépticos siempre habían sostenido que para transformar de forma radical la mente y emitir nuevas vibraciones, nuestro cerebro necesitaría contar con nuevas neuronas, lo cual era imposible. Efectivamente, hasta hace una década se pensaba que las neuronas del cerebro adulto no eran capaces de reproducirse. Es decir teníamos las que teníamos, de una vez y para siempre. No había recambios para las que se iban deteriorando y muriendo. Por lo tanto la mente no podía enriquecerse ni transformarse como pretendían los mentalistas.

En la última década del pasado siglo la neurociencia ya había comprobado que, en otros primates, las células neuronales son capaces de dividirse. Pero faltaba la demostración de que lo mismo ocurría en los seres humanos. En 1998 el sueco Peter S. Eriksson, de la Universidad de Göteborg, hizo la primera comprobación utilizando el marcador BrdU (bromodesoxiuridina). Los trabajos de Eriksson fueron confirmados por otros investigadores, como Elizabeth Gould y Charles Gross, de la Universidad de Princeton; José M. García Verdugo, de la Universidad de Valencia, y el mexicano Arturo Álvarez

Bulla de la Universidad de California, que publicaron sus estudios en revistas científicas de gran prestigio, como *Science* y *Nature*.

Quedó así establecido de forma consistente que las neuronas del cerebro humano se reproducen continuamente, a partir de unas células madre en forma de estrella llamadas «astrocitos». Se comprobó asimismo que las nuevas neuronas desarrollaban extensiones (axones) que les permitían intercambiar información con las neuronas vecinas y participar en el circuito funcional del cerebro. En resumen, existe evidencia científica de que el cerebro puede modificarse a sí mismo por medio de la formación de nuevas neuronas. Ray y otros autores sostienen que, en tanto el cerebro es la herramienta de la mente, ésta puede servirse de esas nuevas neuronas para transformarse y perfeccionarse, aumentando su energía y orientándola hacia la producción de pensamientos y vibraciones de signo positivo.

Debemos retornar al invisible e ilimitado mundo de los pensamientos
y sentimientos, elaborando en él los cambios que deseamos.

James Arthur Ray

Resulta estimulante que Ray se valga de una comprobación científica para argumentar la posibilidad de aumentar la energía cerebral y transformar nuestra mente. En ese cambio debe intervenir indefectiblemente la Ley de la Atracción, integrada por las Siete Leyes del Universo que él describe con detalle en su libro, y que resumimos a continuación:

* **Ley de la perpetua transmutación de energía.** Nos dice que la energía está siempre en movimiento, cambiando y transmutando. Toma una forma, luego otra, pero nunca permanece estable. Todo lo que vemos, tocamos, oímos, gustamos u olemos está en constante estado de cambio. De hecho, esta Ley nos dice que «todo lo que existe es cambio».

* **Ley de vibración.** Esta ley establece que todo en el Universo produce una constante vibración. Desde un pensamiento a una montaña, desde el más pequeño electrón a la totalidad del cosmos. Los niveles de vibración varían, y

cuanto más intensa es la vibración mayor es su frecuencia. Los astros, la gente, las montañas, el Universo, son energía vibrando a diferentes frecuencias.

✳ *Ley de relatividad.* Esta ley no es la teoría de Einstein, sino sus implicaciones metafísicas. Nos dice que todo en el mundo material sólo se hace real por su relación con algún otro elemento. Nada en la vida tiene un sentido intrínseco, sino el que otorgamos en relación a un conjunto. Dicho de otra forma, la interrelación es todo, y todo se debe a la interrelación.

✳ *Ley de polaridad.* Establece que nada puede existir sin su contrario. Si en alguien existe el odio, debe existir también el amor. Si una persona se muestra débil, posee también latente una gran energía. Si algo nos parece horrible, existe en ello la posibilidad de ser maravilloso. En su sentido último, esta Ley supone que ¡los contrarios son simplemente manifestaciones distintas de la misma cosa!

Cada fracaso lleva en sí la semilla de un gran éxito.
Napoleon Hill

✳ *Ley del ritmo.* Describe la energía del Universo como si fuera un péndulo. Cuando algo llega a un extremo, debe regresar inexorablemente al otro. La luna sale y vuelve a ocultarse; las estaciones se suceden y vuelven otra vez; nosotros mismos tenemos altibajos, emocionales, intelectuales y físicos. Todo lo que existe está envuelto en esa danza: se balancea, fluye, oscila adelante y atrás. Todo está naciendo o muriendo para volver a renacer.

✳ *Ley de causa y efecto.* Es una de las leyes más conocidas: toda causa ha de tener su efecto, y cada efecto debe responder a una causa. Pero cualquier causa es en realidad el efecto de algo ocurrido antes; y todo efecto, la causa de algo que ha de suceder después. La Ley de causa-efecto establece una cadena cerrada de acontecimientos, que es imposible interrumpir. El Universo es un ciclo sin fin que no puede modificarse.

⁕ **Ley de géneros.** Domina lo que acostumbramos a llamar la «creación». Lo masculino y lo femenino, el yin y el yang, deben unirse para que tenga lugar una creación. Además esta ley establece que todo lo nuevo debe tener un período de gestación; las personas, los animales, los insectos, los árboles, las plantas y las flores necesitan un tiempo establecido en cada caso para nacer; para ser creados. Esto implica que todo nuevo ser es sólo el resultado del cambio de forma de seres ya existentes. En ese sentido, nada nunca se crea o se destruye. Un «nuevo» ser humano es el resultado de células de la madre y el padre que se unen y transforman para recrearse a sí mismas.

La mayoría de los autores mentalistas coinciden en la existencia de unas leyes del Universo como matrices de la Ley de la Atracción, aunque varios quitan algunas o introducen otras nuevas, en su propia versión de la legislación cósmica.

Si comprendes estas leyes y las usas correctamente
ellas harán realidad todo lo que puedas desear.

Karen Kelley

Karen Kelley considera la Ley de la Atracción una de las tres leyes fundamentales del Universo, que actúa conjuntamente con las otras dos: la Ley de Creación Deliberada, que produce que el Universo cree lo que le hemos pedido; y la Ley de Receptividad, que hace que nuestra mente reciba las vibraciones que harán realidad ese pedido. La autora advierte que estas leyes son sensibles a nuestras actitudes de desconfianza, como la impaciencia por ver los resultados o las dudas sobre el verdadero poder de las leyes para cumplir nuestro pedido. Si después de dar los pasos necesarios para que tus vibraciones expresen tu deseo, comienzas a hacerte preguntas del tipo «¿por qué se demora tanto la respuesta?» o «¿será que he pedido demasiado?», estarás dudando de

la capacidad del Universo para hacer realidad lo que habías soñado. El resultado será la cancelación del proceso de creación. En palabras de Kelley: «Cuando te haces preguntas del tipo "cuándo", "cómo", "quién", etc., estás cuestionando la divinidad del Universo y su poder para cumplir tus deseos».

Otro ejemplo es el conocido experto canadiense Daniel Sévigny, impulsor del grupo «Gestión del Pensamiento» y autor de *Las llaves del Secreto* (Ed. Robinbook, 2008). Entre esas llaves Sévigny introduce la Ley de la Prosperidad, que considera regida por dos reglas básicas. La primera es no enfadarte nunca por cuestiones de dinero. Pagar siempre con buen talante y no amargarte al recibir una factura. Por el contrario, debes comprobar el importe de la factura, e imaginar que has recibido un cheque por la misma suma. Eso hará que te sientas bien, contento, aunque la factura sea excesiva o injusta. Ya tendrás tiempo de reclamarla, siempre con serenidad y ánimo optimista.

Lo mismo debes hacer, por ejemplo, si un agente de tráfico se dispone a ponerte una multa por una infracción que has cometido. Debes procurar sentirte agradecido, como si el agente te ofreciera un bonito regalo. No protestes ni discutas con él; mantente tranquilo, sonriente, acepta tu despiste y firma su papeleta sin rechistar. Sévigny y nosotros sabemos que no es fácil, pero debes pensar que si actúas así el importe de la factura o la multa te será devuelto con creces.

La segunda regla de Sévigny consiste en la decuplicidad. Se trata de que cada vez que haces un pago, contraes una deuda o firmas un cheque, pienses que recibirás diez veces esa suma. Debes hacerlo en el momento exacto en que realizas la operación. O sea cuando entregas el dinero al contado, firmas un pago con tarjeta de crédito o la escritura de una hipoteca. En ese instante emites un fuerte pensamiento positivo, cuya energía se expande siguiendo la Ley de la Atracción. Pero esta regla tiene su truco. Si piensas, por ejemplo, «esto me será devuelto diez veces», es posible que tus vibraciones no consigan transmitir «diez» como una cifra matemática, o que las energías receptoras lo interpreten en forma confusa. Sévigny insiste en este punto, e indica que lo correcto es pensar «esto me será devuelto decuplicado».

Lo que ocurrirá en el desarrollo de tu vida y en tu destino personal será alterado positivamente por el conocimiento y uso de estas leyes.

John Amaro

Quirólogo titulado en las Universidades de Taipei y Kowlun, el doctor John Amaro es un experto en los núcleos de las energías corporales y su relación con las vibraciones del Universo. En su obra agrega a la reconocida Ley de la Atracción otras leyes basadas en sus conocimientos de la cosmología china:

* **La Ley de Creación.** Todo lo que pensamos u ocupa nuestra atención entra en la realidad. Creamos las situaciones que pensamos o imaginamos cada día. Si piensas que vas a tener éxito, lo tendrás. Si piensas que vas a fracasar, fracasarás. Si piensas que eres viejo, los demás te verán como un anciano, y lo mismo será si te sientes joven.
* **La Ley de Control de la propia vida.** Si no controlas tu propia vida y no creas las circunstancias necesarias para cumplir tus deseos, serás un instrumento de otros para alcanzar sus objetivos.
* **La Ley de Relajación.** Las leyes materiales exigen trabajar duro para conseguir algo. Con las leyes mentales, cuando más te relajes, tengas fe, y esperes confiado el éxito, mejores serán los resultados.
* **La Ley del Retorno.** Tus logros en la vida estarán en directa armonía con lo que produzcas, hagas o pienses.
* **La Ley de Creer.** Todo lo que creas con fuerte sentimiento será tu realidad. No estás limitado por lo que crees que puedes hacer, sino por lo que crees que no puedes. Tus limitaciones no se basan en la realidad, se basan en tus creencias.
* **La Ley de Conciencia del Presente.** Es evidente que vives en el presente, como opuesto al futuro o al pasado. Prepárate para el mañana con pensamientos y actitudes positivas, pero lo que hagas ahora, ya mismo, será lo importante para alcanzar la vida de anhelas.
* **La Ley de Crecimiento Personal.** Para ser un buen profesional, hombre de negocios, atleta, artista, etc. piensa y actúa como si ya fueras el mejor. El ser humano se desarrolla a partir de lo que piensa y siente.

* **La Ley de Expectativa.** Para que el Universo haga realidad tus deseos, debes saber antes qué es lo que quieres obtener y qué esperas de la vida.
* **La ley de Claridad.** La claridad de tu mente y tus pensamientos está en relación con el orden material de tu vida.
* **La Ley de Perseverancia.** La gente que tiene éxito nunca dejó de intentarlo. La gente que deja de intentarlo no alcanza el éxito.
* **La Ley del Perdón.** Perdonar a los otros es una limpieza necesaria y efectiva para triunfar en la vida. No te demores en odios ni resentimientos. Esta Ley no te pide que te agraden otras personas o situaciones, sólo que las disculpes y las olvides para liberar las cadenas que atrapan tu mente.

Los neurocientíficos calculan que cada persona produce como media unos 38.800 pensamientos por día. Tú, tus familiares, tus amigos, los japoneses, americanos, suecos, chinos, australianos, polinesios y cada uno de los 6.500 millones de habitantes de la Tierra, estamos emitiendo continuamente toda clase de pensamientos e imágenes visuales. Si multiplicamos las dos cifras mencionadas, tenemos 252.200.000.000 de vibraciones energéticas que se emiten a diario y rondan el planeta buscando otras vibraciones de su misma frecuencia. Es muy posible que una parte considerable de las energías emitidas transporten una carga negativa, a la que responde la Ley de la Atracción devolviendo más pensamientos y sentimientos negativos. Y quizá por eso el mundo va como va.

Mientras esperamos el día en que la sorprendente potencia de la Ley de la Atracción llegue a ser comprendida y aplicada por todos y en todas partes, tú puedes comenzar el proceso de transformar tu vida por medio del éxito y el bienestar que mereces.

4.

La clave está en pensar en positivo

Una mente positiva busca en cada situación la felicidad, la alegría, la salud y unos prósperos beneficios económicos.

Remez Sasson

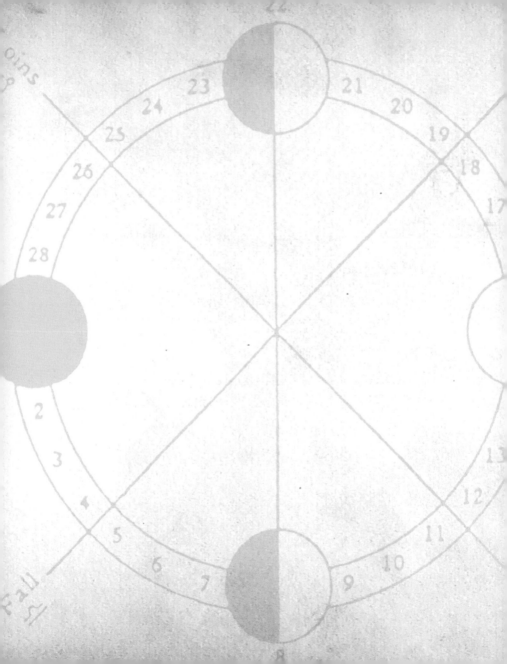

*D*e forma consciente o no, mantenemos mentalmente una continua conversación con nosotros mismos. La mayor parte de esa conversación consiste en preguntas y respuestas. Nuestra mente se plantea todo el tiempo preguntas como: ¿Qué debo hacer ahora? ¿Cómo explico esto? ¿Adónde quiero llegar?¿Qué me están queriendo decir? ¿Debo ir allí o no? ¿Qué piensa fulano de mí? ¿Me atrevo o no a correr este riesgo? Y otras por el estilo. Las respuestas dependen generalmente de la relación entre lo que creemos de nuestra personalidad y el carácter de la pregunta. O sea de nuestra actitud ante los demás, las circunstancias y los problemas. Y es precisamente esa actitud frente a la vida lo que diferencia a las personas.

*La mayoría de la gente es tan feliz
como ha conseguido serlo en su mente.*

Abraham Lincoln

Podemos ser optimistas o pesimistas, tranquilos o inquietos, alegres o tristes, tímidos o audaces, reflexivos o impulsivos, etc. Generalmente pensamos y actuamos, de una manera distinta, según el momento y la circunstancia. No obstante cada persona tiene una actitud de base, dentro de la cual se dan esas variables. Es lo que también suele llamarse personalidad. Por ejemplo, cuando decimos que alguien es impulsivo, no significa que piense y actúe siempre impulsivamente, sino que esa es su actitud de base, el tipo de personalidad que lo define y caracteriza.

Nuestra actitud ante la vida no proviene de una herencia genética. Se compone de hábitos y preconceptos adquiridos por influencia de nuestra familia, nuestros amigos, el entorno en que crecimos y la sociedad en que vivimos. Pero también de nuestra experiencia personal, de cómo enfrentamos nuestros primeros temores infantiles, de los triunfos y fracasos afectivos, escolares, deportivos, y otras situaciones vividas en edades tempranas, así como los sueños y fantasías que suelen poblar nuestra mente.

De esa forma hemos ido construyendo nuestra propia imagen y la del mundo que nos rodea. Y la relación entre ambas establece una actitud básica que alimenta nuestra constante conversación mental. Es decir, es la actitud dominante en nuestros pensamientos. Y si esos pensamientos son en su mayoría negativos, tenemos un serio obstáculo para alcanzar el éxito que anhelamos. Pero recordemos que la actitud que tenemos en la vida no está inscrita en nuestros genes. Por lo tanto podemos reconvertirla, cambiar su sentido, si tenemos voluntad de hacerlo y sabemos emplear los recursos del pensamiento positivo.

El primer paso para cambiar nuestras actitudes es cambiar nuestra conversación interior.

Donald Martin

El psicólogo Donald Martin es un experto en el pensamiento positivo, dedicado a entrenar a los jóvenes para alcanzar el éxito en los estudios. Su enfoque básico consiste en lo que él llama las tres C: Compomiso, Control, y Cambio. Y lo explica en la siguiente forma:

Compromiso

Haz un compromiso positivo contigo mismo, con el aprendizaje, el trabajo, la familia, los amigos, la naturaleza y las causas justas. Alábate a ti mismo y a los demás. Sueña con el éxito. Sé entusiasta.

• CONTROL •

Mantén tu mente centrada en las cosas importantes. Establece objetivos y prioridades para lo que piensas y haces. Visualiza previamente tus acciones. Desarrolla estrategias para afrontar problemas. Aprende a relajarte. Disfruta de tus éxitos. Sé honesto contigo mismo.

• CAMBIO •

Arriésgate. Cambia y mejora cada día. Da lo mejor de ti y no mires atrás. Contempla las novedades y cambios como nuevas oportunidades. Prueba cosas nuevas. Considera varias opciones. Conoce a más gente. Haz un montón de preguntas. Mantén el control de tu salud mental y física. Sé optimista.

Martin asegura que las tres C promueven el pensamiento positivo, aumentan la autoestima y facilitan el camino del éxito. Apoya esta afirmación en un reciente estudio cuya conclusión expresa que: «las personas que comienzan a modificar conscientemente sus conversaciones internas y sus actitudes, muestran una mejora inmediata en su desempeño. Su energía aumenta y las cosas empiezan a irles mejor». Otro estudio citado por el autor expresa que la gente que piensa en positivo «son triunfadores en las épocas buenas y sobrevivientes en las malas».

Una mente positiva busca en cada situación la felicidad, la alegría, la salud y unos prósperos beneficios económicos.

Remez Sasson

Autor de varios libros sobre el poder mental y el crecimiento espiritual, Remez Sasson muestra una especial dedicación a convencer a los escépticos y orientar a los convencidos, en relación con la práctica del pensamiento positivo. Sabemos que no todo el mundo acepta creer en las energías que emite la mente. Los que creemos que nuestros pensamientos positivos son fundamentales para obtener éxito en la vida, somos tachados a menudo de ingenuos o crédulos por los que se niegan a aceptar lo evidente. Ocurre también que quienes se interesan por el pensamiento positivo, no saben aplicarlo correctamente para obtener la felicidad y la abundancia que desean.

Es muy común oír que alguien aconseja a otro que se siente abatido y preocupado: «¡Piensa en positivo!, dice el maestro Sazón». Pero mucha gente no toma en serio esas palabras, porque no saben lo que realmente significan, o no las consideran útiles y efectivas. ¿Cuántas personas conoces que se detengan a pensar en lo que significa el poder del pensamiento positivo? Una respuesta atinada sería: muy pocas, pero muchas más que antes. La prédica de Rhonda Byrne, Bob Proctor, Susan Jeffers, Christian Godefroy, James Arthur Ray, el mismo Sasson y otros divulgadores serios y responsables, está produciendo un auténtico boom del pensamiento positivo y la Ley de la Atracción del Universo. Ellos han conseguido que millones de personas lean y comenten sus libros, vean sus programas de televisión, y consulten sus páginas en internet.

Pero el interés no asegura la fe, y ésta no garantiza una práctica correcta de los pasos necesarios para producir pensamientos y vibraciones positivas. «Para cambiar nuestra mente hacia lo positivo, se requiere un profundo trabajo y entrenamiento —advierte Sazón—. Las actitudes y los pensamientos no pueden cambiarse de la noche a la mañana.» De acuerdo con esa advertencia, reproducimos a continuación unos consejos básicos, previos a los ejercicios que se explicarán más adelante:

No importa cuáles sean tus circunstancias en el momento presente. Si piensas positivamente y esperas con fe situaciones y resultados favorables, tus circunstancias cambiarán en el mismo sentido. Puede que lleve algún tiempo conseguir esos cambios, pero si no te desanimas sucederán.

* Es importante que leas a los buenos autores que conocen el tema, lo analices seriamente y procures seguir sus consejos. El poder de los pensamientos conforma continuamente tu vida, por lo común de manera inconsciente, pero también puedes dirigir ese proceso conscientemente.

* Aunque la idea te resulte extraña, anímate a hacer la prueba; no pierdes nada y ganarás mucho. No hagas caso a lo que los demás puedan pensar o decir al saber que estás intentando cambiar la perspectiva de tu pensamiento.

* Utiliza expresiones y palabras positivas en tu diálogo interior o cuando hables con otros. Visualiza siempre sólo situaciones positivas y favorables. Sonríe a menudo, es una gran ayuda para pensar positivamente.

* Rechaza cualquier sentimiento de desgana o deseo de abandonar el intento. Sigue adelante aunque creas que lleva mucho tiempo, que no funciona o no vale la pena. La perseverancia es esencial para transformar las actitudes de tu mente.

* Si entra en tu mente un pensamiento negativo, debes estar preparado para reconocerlo y poder cambiarlo por uno positivo. Y permanece atento, porque es muy probable que ese pensamiento adverso intente regresar y debas volver a rechazarlo. La atención y la persistencia te enseñarán a que tu mente piense más en positivo y rechace a la primera los pensamientos negativos.

El método de la Clínica Mayo

El respaldo científico a los beneficios del pensamiento positivo ha tenido recientemente una expresión muy importante. La Clínica Mayo es una de las instituciones médicas más antiguas y prestigiosas de Estados Unidos, con una red de unidades asistenciales en diversas ciudades de ese país. Desde hace un tiempo sus psiquiatras incluyen el pensamiento positivo entre sus medidas terapéuticas, en base a un informe de investigación elaborado por un equipo interdisciplinar de la propia clínica. En el documento explicativo para los pacientes se describe brevemente cómo funciona el diálogo interior y la continua ronda de pensamientos de uno u otro signo, y se dice luego lo siguiente: «Si los pensamientos que recorren tu mente son en su

mayor parte negativos, tu actitud ante la vida es pesimista. Si tus pensamientos son en su mayoría positivos, eres un optimista; alguien que practica el pensamiento positivo».

La Clínica Mayo no quiere desanimar a los pacientes con actitudes negativas, que por cierto abundan en un servicio de salud mental. «¿Qué ocurre si tu diálogo interior es mayoritariamente negativo? —prosigue el documento—. Eso no significa que estés condenado a una vida desdichada. Una conversación mental negativa sólo significa que tus preconceptos, falta de información e ideas equivocadas, están superando a tu capacidad de razonar lógicamente». Y a continuación se describen las principales causas de esa prevalencia de lo negativo:

* **Filtrar.** Magnificas los aspectos negativos de una situación y filtras fuera todo lo positivo. Por ejemplo, supongamos que has tenido un buen día en el trabajo. Has completado tus tareas antes de tiempo y te han felicitado por hacerlo tan rápido y tan bien. Pero has olvidado un aspecto del trabajo menor e intrascendente. Esa noche te obsesionas pensando en ese despiste, magnificándolo y olvidando lo que estaba bien hecho y las felicitaciones recibidas.

* **Personalizar.** Cuando hay algún problema, automáticamente te culpas a ti mismo. Por ejemplo, si te dicen que se ha cancelado una cena con tus amigos, enseguida piensas que es porque nadie quiere salir contigo.

* **Ser catastrófico.** Siempre supones lo peor. Por ejemplo, rechazas una salida con una chica porque piensas que vas a hacer el tonto y se burlará de ti. O un cambio menor en tu rutina diaria te hace pensar que todo el día será desastroso.

* **Polarizar.** Sólo ves las cosas como buenas o malas, blancas o negras. Para ti no existe un término medio. O llegas a la perfección o eres un fracaso total. Y como nadie es perfecto...

Más adelante el documento aconseja: «En lugar de aceptar un diálogo interior negativo, líbrate de los preconceptos y los pensamientos irracionales rechazándolos con pensamientos racionales y positivos. Cuando hagas esto, tu conversación interior se hará gradualmente realista y autoafirmativa». Según el método Mayo ese proceso es sencillo, pero requiere tiempo y práctica. Ten en cuenta que estás creando un hábito mental nuevo, y debes hacerlo con paciencia y persistencia. Para controlarlo debes detenerte en varios momentos del día y evaluar lo que en ese instante estabas pensando. Si compruebas que eran pensamientos negativos, esfuérzate en reemplazarlos por otros positivos. Con un poco de práctica crearás una especie de alarma mental subconsciente, que se dispare cuando recurras a tus preconceptos o instales en tu mente pensamientos destructivos. Procura entrenarte en no decirte a ti mismo nada que no les dirías a los demás.

En el siguiente cuadro verás algunos típicos pensamientos negativos, y el pensamiento con el que puedes volverlos positivos.

Pensamiento negativo	Cambio a positivo
Nunca hice algo así antes	*Puedo aprender algo nuevo*
Es demasiado complicado	*Lo enfocaré desde otro ángulo*
No tengo los recursos necesarios	*Puedo utilizar la imaginación*
No hay tiempo suficiente	*Puedo reevaluar mis prioridades*
No hay forma de que funcione	*Voy a intentarlo hasta que funcione*
Es un cambio demasiado fuerte	*Hagamos la prueba*
Nadie quiere comunicarse conmigo	*Veré si encuentro otros canales de comunicación*
No voy a conseguir nada bueno con esto	*Probaré para saberlo*

Para rechazar y reemplazar tus pensamientos negativos, es fundamental que interactúes con situaciones externas y opiniones ajenas que alimenten tu propósito de cambio. Piensa en positivo, habla en positivo con gente positiva, lee a autores positivos. Lo positivo debe llenar tu mente, tus relaciones, tus actividades y tu entorno. No te cortes por lo que puedan pensar los otros con sus pensamientos negativos. Rodéate de carteles, tarjetas y pegatinas que expresen mensajes positivos. Tenlos a la vista en tu mesa de trabajo, cuélgalos en las paredes y en las puertas, ponlos en el espejo del baño, en la nevera, en el salpicadero del coche, en el interior de tu cartera o portafolio, en la página de inicio de tu ordenador. Y no olvides renovarlos o cambiarlos de lugar de tanto en tanto porque poco a poco vas dejando de leerlos. Y para realizar tus deseos necesitas tiempo.

Los pensamientos de éxito y su transformación real sólo están separados por un poco de tiempo.

Anil Bhatnagar

El maestro hindú de reiki Anil Bhatnagar, experto en temas de terapia motivacional y crecimiento personal, ha elaborado una guía para cumplir de forma apropiada la transformación de tus actitudes y pensamientos negativos. En esa guía divide el proceso en cinco pasos sucesivos:

• OBSERVA TUS PENSAMIENTOS •

Comienza a vigilar tus pensamientos sin identificarte con ellos, como si fueras un observador externo de tu mente. Es posible que tus pensamientos te absorban y distraigan tu vigilancia. Es natural, especialmente al principio. Lo que debes hacer en ese caso es salir inmediatamente de esos pensamientos y volver al rol de observador neutral.

No te dejes perturbar por tus pensamientos. No los condenes ni los justifiques y no trates de controlarlos. Sólo regístralos. Después de un tiempo, habrás reconocido a tus pensamientos negativos. Entonces concéntrate en buscar pensamientos positivos que puedan reemplazarlos, con el fin de tener una mejor actitud hacia el tema que estás considerando contigo mismo. Tu intención debe ser la de cortar los pensamientos innecesarios, y mejorar la calidad de los que te resultan útiles. Para controlar con más facilidad tus pensamientos, sirve de gran ayuda mantenerte ocupado, tomar comidas ligeras, hacer ejercicios de relajación y respiración profunda. Y no esperar demasiado de los demás.

• IDENTIFICA LOS PENSAMIENTOS NEGATIVOS •

Lleva un diario para tus pensamientos y sucesos del día. ¿Han sido postivos, apropiados y adecuados? ¿O han sido confusos, superfluos y negativos? ¿Puedes establecer el intervalo entre un suceso y tu respuesta? ¿Hubo discrepancias entre tu pensamiento y tus palabras? ¿Fue tu respuesta necesaria, apropiada y adecuada?

A menudo hablamos con otra persona, o con nuestro yo interior, o pensamos en algo, sin controlar lo que decimos. Pregúntate a ti mismo si una determinada conversación fue importante, si tuvo un sentido y un objetivo, y si resultó útil para ese fin. Si crees que no, piensa por qué. ¿Has utilizado palabras innecesarias, sesgadas por sentimientos personales? ¿Te sientes conforme y satisfecho después de ese diálogo con otra persona o con tu yo interior? ¿Puedes mejorar tu forma de expresión mental o verbal?

Llevar este diario te permitirá comenzar a reconocer tus pensamientos negativos. Es importante que los detectes en el momento en que aparecen, y no simplemente los dejes ahí para un análisis posterior.

• RECHAZA ESOS PENSAMIENTOS NEGATIVOS •

Imagina un sol radiante que emite una potente luz. Utiliza ese rayo de sol mental para destruir tus emociones, imágenes y pensamientos negativos e indeseables apenas los detectes. Aprópiate de ese rayo como un arma poderosa y siempre alerta, lista para cazar y eliminar cualquier pensamiento negativo. Considera a ese sol como un amigo afectuoso y leal.

Lleva un apunte de las veces en que necesitas que el rayo aparezca en tu ayuda. Debe haber un crecimiento gradual de sus disparos, a medida que aprendes a reconocer los pensamientos desfavorables, seguido de una brusca caída cuando éstos van desapareciendo hasta que limpias de ellos tu mente.

• REEMPLÁZALOS POR PENSAMIENTOS POSITIVOS •

Un paso vital en este proceso es el reemplazo inmediato de cada pensamiento negativo por otro positivo. Cuanto más breve sea el intervalo entre la «desinfección» y el reemplazo, más fácil y eficaz será el proceso de cambio. Tu éxito consiste en identificar los blancos de tu rayo de sol con precisión, y golpearlos con eficacia.

Ambas cosas dependen de lo bien que hayas conseguido dominar tus pensamientos. La calidad de los pensamientos decide la calidad de los objetivos que queremos alcanzar con ellos. Los pensamientos pueden materializarse, porque son el instrumento de canalización de la energía creadora hacia los fines que te propones alcanzar.

• REFUERZA TU ACTITUD POSITIVA •

Los nuevos pensamientos positivos pueden reforzarse con emociones e imágenes adecuadas. Recupera un hecho favorable del pasado, o imagina una posición mejor en el futuro.

Te llevará más tiempo y dedicación que el simple recambio inicial, pero los pensamientos, emociones e imágenes se refuerzan entre sí, promoviendo una sólida actitud general positiva.

Las semillas del Karma

Lo que siembres y plantes en tu jardín, será lo que coseches. Si siembras una bellota, tendrás un roble, y si no siembras nada, tendrás hierbajos. Tu situación actual, sea buena o mala, es resultado de las semillas que habías sembrado un tiempo atrás. Si no te agrada, nadie puede ser culpado excepto tú, tú mismo.

Una semilla puede brotar cuando se siembra en un terreno o un jardín. El terreno en el que puedes sembrar tu semilla no es otro que tu propia mente. Toda semilla sembrada en el jardín de tu mente germinará y crecerá. Y esas semillas son tus pensamientos. Los pensamientos que llevas en tu mente son las semillas que quieres hacer crecer. Si tienes buenos pensamientos positivos, obtendrás buenos resultados; y si tienes pensamientos destructivos, obtendrás resultados negativos.

Todo lo que te pasa en el mundo de afuera es reflejo del mundo que llevas dentro. Cuando madure la mala semilla que has sembrado en tu jardín, experimentarás malas circunstancias en el mundo exterior. Pero si siembras buenas semillas, las cosas que ocurran serán buenas para ti. En el hinduismo y el budismo esto es conocido como Karma.

(Adaptación de un texto de Vic Johnson.)

5.

Nuevos secretos de la Ley de la Atracción

Una de las formas más eficaces de obtener una fortuna es concentrarte sólo en lo que sabes hacer muy bien.

Karen Lim

Antes de la publicación de *El Secreto* de Rhonda Byrne, eran muy pocas las personas que habían oído hablar de la Ley de la Atracción, y menos aún las que la estudiaban y practicaban. Desde entonces surgieron infinidad de libros, artículos, vídeos y cursos que desarrollaron y divulgaron esa revelación. Hoy, apenas un par de años más tarde, esa corriente sigue creciendo impulsada por centenares de gurús psíquicos y guías mentales expertos en el «novedoso» Gran Secreto, que en realidad es milenario.

En el presente apartado procuramos ajustar y poner al día lo que se sabe sobre este tema, o como diría un académico, «establecer el estado actual de la cuestión». El hecho de que el conocimiento sobre la Ley de la Atracción sea muy antiguo, y ella misma permanezca inmutable desde el nacimiento del Universo, no significa que ya conozcamos todos sus secretos. Es probable que tenga poderes que aún no hemos descubierto, que haya dimensiones ocultas de energía que todavía ignoramos, o formas de relacionarnos con ella que no sabemos utilizar adecuadamente. Por eso quienes trabajamos con las energías del Universo debemos hacerlo con una respetuosa expectativa, pero también con absoluta humildad. Después de todo, se trata nada menos que de profundizar en la esencia y estructura de la divinidad. O al menos, de su mayor manifestación conocida.

Está escrito en el *Vedanta* hindú que «cuando vibró el infinito, nacieron los astros». Es decir, que el Universo surgió de una vibración, de una explosión de energía que los científicos llaman en inglés *big bang* («gran estallido»). El misterio aún sin resolver es que produjo esa vibración del infinito, ese gigantesco estallido que dio lugar a millones de galaxias en expansión. Tuvo que haber «algo» o «alguien» anterior al Universo y al tiempo (es decir, eterno), al que solemos atribuir los diversos nombres de la divinidad. Los antiguos hebreos lo intuyeron al fundar la primera religión monoteísta. Su Dios es único y creador de todo lo que existe, incluyendo un extraño ser que se le parece, y que puede vibrar en la misma frecuencia para comunicarse con Él. De algún modo ese ser, el ser humano, posee la divinidad creadora y la capacidad de pedirle a Dios aquello que desea, con fe, humildad y agradecimiento.

En verdad, en verdad os digo que el que cree en mí, ése hará también las obras que yo hago, y las hará mayores que éstas, porque yo voy al Padre; y lo que pidierais en mi nombre, eso haré, para que el padre sea glorificado en el Hijo; si me pidierais alguna cosa en mi nombre, yo la haré.

Juan 14:12-14

Estas palabras de Jesús expresan la versión cristiana de la sabiduría ancestral, en lo que hace a la consubstanciación del creador con sus criaturas («ése hará también las obras que yo hago») y el derecho del ser humano a pedir y obtener lo que desea («si me pidierais alguna cosa en mi nombre, yo la haré»). Si ponemos en suspenso el contenido doctrinal del pasaje evangélico, nos queda una descripción de nuestra relación con el Universo infinito muy semejante a la que ofrecen las tradiciones orientales y la ciencia occidental.

Los seres humanos vivimos en un Universo vibracional, hecho de electricidad, magnetismo, luz, y otras incontables vibraciones u ondas de energía. También sus leyes se manifiestan en vibraciones, que se intercambian, se unen o rechazan con las vibraciones propias de cada uno de nosotros. La física cuántica ha descubierto que la materia no existe como tal, es sólo energía en movimiento. El universo físico que vemos y experimentamos con nuestros sentidos, es sólo una función, un resultado de las vibraciones creadas en la dimensión inmaterial de la realidad. Ya lo expresaba el principio fundamental de la Tabla Esmeralda: «Lo que está abajo es como lo que está arriba», y también el Dios de la Biblia: «Hagamos al hombre a nuestra imagen y nuestra semejanza» (Génesis, 1:26), dos testimonios de que formamos parte de la divinidad. Por lo tanto podemos interactuar con Ella por medio de la Ley de la Atracción y en cumplimiento de las otras leyes del Universo. Y para eso disponemos del instrumento exclusivo que es nuestra mente.

En ese Universo vibracional, las experiencias no se crean «abajo», en su dimensión física y perceptible, sino «arriba», en el plano superior e infinito que es anterior a la creación. Nuestra mente participa de ese plano, y crea constantemente realidades con sus pensamientos. Ésa es la función de la Ley de la Atracción: hacer realidad todo lo que pensamos, ya sea voluntariamente o no. Como hemos visto en páginas anteriores, pensar en lo que padecemos trae más penurias, y sólo pensando en lo que queremos de bueno podremos obtenerlo. El dolor, el sufrimiento, la inseguridad, la pobreza, no nos vienen del mundo exterior, aunque así lo parezca. Ese plano de la realidad sólo responde a nuestros pensamientos. Será injusto si lo pensamos injusto, y será generoso si visualizamos en él generosidad.

Un aspecto que han comprobado los estudiosos e investigadores es que trabajar con la Ley de la Atracción es tan apasionante como atractivo. Varios de ellos señalan que les resulta incluso divertido, por la necesidad de estar siempre vigilantes en espera de la manifestación de los resultados que han pedido sus consultantes. Y éstos también declaran que se sienten alegres y distendidos durante ese proceso, quizá porque están cargados de pensamientos positivos. Pero... ¿qué pasa con las personas que ignoran la existencia de la ley, o no creen en ella? Pues que la ley igual recibe y devuelve sus vibraciones, buenas o malas, trazando en consonancia su destino.

Como es sabido, para la elaboración de *El Secreto* Rhonda Byrne entrevistó a un variado conjunto de expertos, cuyas opiniones y consejos conforman la estructura de su obra. Una de las entrevistadas fue la consejera psicomental estadounidense Esther Hicks, de reconocida autoridad sobre el tema. Pero por alguna razón (que Byrne no ha explicado) Hicks quedó fuera de las versiones editadas de *El Secreto,* tanto en el libro como en el DVD. En fecha reciente la autora descartada reveló algunos de los conceptos vertidos en su entrevista con Byrne, u obtenidos en otras investigaciones realizadas después.

Esther Hicks se muestra convencida de que el verdadero poder para utilizar la Ley de la Atracción es explorar sus implicaciones más profundas. Es decir, saber por qué los elementos con vibraciones semejantes, o que llevan algo similar en sus vibraciones, se atraen y se unen. Utiliza como metáfora de este concepto un proverbio inglés del siglo XVI: *Birds of a feather flown togheter*, o sea, «Las aves del mismo plumaje vuelan juntas», en alusión a que las personas con intereses semejantes suelen tender a acercarse. Lo mismo ocurre, según ella, con la Ley de la Atracción: siempre hay una dimensión del Universo que te acompaña y te refleja. A partir de sus descubrimientos Esther Hicks elaboró cinco puntos que pueden ayudar a aclarar ciertas confusiones sobre cómo implementar esa ley:

* ❋ **Recuerda pedir el mayor bien para todos.** Cundo expreses tu deseo, pide asimismo el mayor bien para todos los que pueden beneficiarse de la respuesta de la Ley. Esta actitud te ayudará a salir del: «¿qué hay de lo mío?» hacia lo que es bueno también para otros; al tiempo que te ayudará a dejar de controlar cómo ocurren las cosas. Así darás a la energía universal un amplio campo para orquestar los acontecimientos, manifestando mejor lo que deseas.

* ❋ **Focaliza tu mente en saber por qué ocurren las cosas.** Es increíble la inmensa potencia que puede adquirir la Ley de la Atracción cuando le pides que mejore tu percepción de la realidad y de la naturaleza humana. Desde luego debes expresar también tus deseos personales, pero demostrando que pides ayuda no sólo para obtener éxito individual, sino también para saber ayudar a los demás. Verás que ocurren muchas cosas sorprendentes.

* ❋ **Sé realista con tus juicios subconscientes.** Antes de concentrarte en el éxito, el dinero, el prestigio, o lo que desees atraer, bucea en profundidad en tu subconsciente. Busca lo que puede haber en él que obstruya las vibraciones que harán que esos deseos se hagan realidad. Es absolutamente esencial que llegues a comprender por qué y en qué has estado ciego a tus dudas, miedos y prejuicios subconscientes. Por ejemplo, la Ley de la Atracción no puede actuar si tu subconsciente emite la creencia de que los ricos son egoístas y

malas personas; o que sientes pánico ante un nuevo fracaso financiero. Pesca esos pensamientos interceptores, hazlos conscientes, y elimínalos sin vacilar. Ese acto de sinceridad es muy importante, y se relaciona con el siguiente punto: la cura.

❋ *Concéntrate en la cura.* Éste es probablemente el factor principal para trabajar a conciencia con la Ley de la Atracción. Si te concentras en curar tus traumas del pasado (aunque no sepas realmente si has tenido algunos, ni cuáles fueron), el Universo los eliminará para curarte y poder manifestarse para transformar tu vida. Si estás curado, tus vibraciones serán limpias y claras al expresar lo que deseas. El Universo es como un receptor de radio, y necesita sintonizar ondas nítidas y despejadas. Si quieres enviarle tus vibraciones y recibir su respuesta, no puedes transmitirlas contaminadas por los fracasos, dudas y temores que has tenido en el pasado. De modo que concéntrate en curarte de esas heridas, y producirás cambios espectaculares en tu vida.

❋ *Observa los hechos sincrónicos.* Cuando proyectas tu energía para centrar tus vibraciones en la dirección deseada, influyes en otros sistemas de energía que, al desplegarse, producen un aumento de coincidencias en tu vida. Esa presencia de hechos sincrónicos es fundamental, porque te informa que estás recibiendo mensajes del Universo. Cuando envías un pedido, y las sincronías o coincidencias aparecen con desusada frecuencia, significa que la Ley del Universo te comunica que ha recibido ese pedido en forma completa y clara. Entonces debes reconocer y apreciar esa sincronicidad, dejándola actuar en el proceso, y no borrarla como una casualidad o un hecho sin sentido. Cuanta más atención le prestes y profundices en su comprensión, más dones recibirás de la Ley de la Atracción.

Los cinco puntos planteados por Esther Hicks expresan una visión generosa y humanista de la Ley de la Atracción, que hasta hoy no se había planteado con tanta claridad. Su enfoque solidario aconseja pedir «el mayor bien para todos», lo que rebate el egoísmo del que a menudo somos acusados quienes practicamos la Ley de la Atracción. En un sentido semejante Hicks nos impele a pedir al Universo la comprensión de la naturaleza humana, así como de los elementos y acontecimientos que conforman la realidad. En otras palabras: la sabiduría. Un bien inapreciable que no obstante ha caído en desuso.

La apelación a enfrentarnos a la parte equivocada y destructiva de nuestro pasado anclada en el subconsciente se relaciona, como ella misma dice, con el concepto de curación. En nuestra opinión es otra faceta de su posición humanista, manifestada en un deseo de pureza y transparencia. La Ley de la Atracción nos dará lo que pedimos, pero antes debemos limpiar y clarificar nuestra mente. No podemos enviar al Universo un mensaje que oculta en sí componentes negativos. La Ley de la Atracción, cumpliendo su función esencial, nos devolverá más de lo mismo.

Tal vez el último punto, referido a la sincronía o coincidencia de determinados sucesos, resulte un poco más oscuro para el lector. Una coincidencia o sincronía no es lo mismo que un hecho casual. Éste depende totalmente del azar, pero coincidir o sincronizar supone una voluntad de producir ese hecho. En el primer caso la misma palabra sugiere ese sentido: «co-incidir», y el diccionario define ese verbo como «convenir una cosa con otra, ser conforme con ella». Y en cuanto a sincronizar, no hay duda de que es un hecho que responde a una voluntad. Apelemos otra vez al diccionario: «sincronizar: hacer que coincidan en el tiempo dos o más movimientos o fenómenos». ¿Quién *hace* que se produzca esa coincidencia? El Universo, nos responde Esther Hicks, por medio de la Ley de la Atracción. Esta gran energía no habla, ni escribe, ni envía SMS. Sus mensajes de aceptación y devolución nos llegan como una cadena de coincidencias a las que debemos atender y saber descifrar.

Nuestros pensamientos y sentimientos son los colores que pintan nuestra realidad.

Eva Gregory

La cita de la autora e instructora personal Eva Gregory define el principio de la Ley de la Atracción desde un enfoque emocional, en el mejor sen-

tido de esta palabra. Si bien coincide con sus colegas en el poder de los pensamientos, otorga asimismo un papel decisivo a los sentimientos. Y en esa cuerda comienza uno de sus artículos:

> *¿Te has dado cuenta del poderoso creador que eres? ¿Sabes que todo lo que te está sucediendo y todo lo que te ha sucedido es, sin excepción, una respuesta a tus pensamientos; y lo más importante, a las emociones que están detrás de esos pensamientos? Hecha un vistazo a tu vida. Habrá algunas áreas de las que te sientes feliz, y otras que no tanto. Tal vez creas que eres una víctima de las circunstancias. ¡Yo estoy aquí para decirte que no eres una víctima! Es sencillamente cuestión de entender cómo jugar en la vida, comprender las normas, las Leyes..., las reglas del juego.*

Opina Gregory que ni tú ni nadie puede negarse a jugar el juego ni sustraerse a sus reglas. ¿Podrías negarte a cumplir la ley de gravedad? No, porque afecta a todo lo que hay sobre la tierra, incluyéndote a ti, aunque no lo adviertas. Lo mismo ocurre con la Ley de la Atracción y las otras leyes del Universo. Existen, son poderosas, eternas e inviolables. Actúan sobre todas las cosas y sobre tú mismo. Lo creas o no, lo aceptes o no, te agrade o no. Es una fuerza neutral, indiferente, que se limita a usar su inmenso poder para devolver lo que recibe. Pero es la única que puede ayudarte a transformar tu vida.

En la versión de esta autora la Ley de la Atracción actúa contigo en la siguiente forma: «Cuando te centras en lo que tú quieres, atraes lo que tú quieres; cuando te centras en lo que no quieres, atraes lo que no quieres». Es, expresada a su manera, la definición canónica de la sabiduría ancestral *(Lo que está arriba es como lo que está abajo)*, y el principio básico de que las vibraciones, sean positivas o negativas, atraen vibraciones semejantes. Gregory se anticipa a tus posibles objeciones: «De acuerdo —dice—, supongo que ahora le das vueltas al asunto, y puedo imaginar un pensamiento del tipo: "Vale, pero si es tan cierto y tan claro, ¿por qué no lo hemos sabido antes?" O si no: "He deseado tener más dinero durante años, ¿por qué no ha venido a mí ese dinero?"».

La respuesta de la autora es que, aunque la ley es simple y clara, nuestros pensamientos no lo son tanto. A menudo son confusos, saltan de un tema a otro, y van en varias direcciones a la vez, sin llegar a centrarse. Supongamos por ejemplo que piensas que te gustaría tener un bonito coche deportivo. El Universo recibe ese pedido, y comienza a disponer lo necesario para hacerlo realidad. Pero resulta que junto a tu deseo de obtener ese coche, tu mente ha agregado: «pero no sé si podré tenerlo». Si el Universo fuera humano reaccionaría diciendo: «Espera un momento, ahora dice que no puede tener el coche». Y detendría el flujo de su energía, que es lo que hace la Ley de la Atracción.

Lo que debes hacer es dar un paso más allá. Si te planteas que quieres un coche deportivo, pero no puedes tenerlo, no se trata de eliminar la parte negativa de un plumazo. Permanecería de todas formas en tu subconsciente, el Universo la detectaría, y el resultado sería el mismo. Es aquí donde Eva Gregory introduce la importancia de tus sentimientos. ¿Qué es lo que sientes con más emoción? ¿El deseo de tener un coche o el creer que no podrás tenerlo? En la mayoría de los casos tendemos a priorizar el sentimiento de imposibilidad, de que deseas algo que en la realidad no puedes tener. Ese «no poder» pesa más que el «querer tener» e invalida el mensaje. Pero si tu emoción se inclina hacia el deseo de tener ese coche, si sientes que lo conseguirás sea como sea, y tienes fe en las energías del Universo, la Ley de la Atracción responderá positivamente a tu pedido.

Tomemos como ejemplo el deseo de tener mucho dinero, uno de los pedidos más comunes y más complejos. ¿Qué emociones te produce el pensar en ese deseo? ¿Te sientes feliz, ansioso, confiado, egoísta, eufórico, triste, deprimido, codicioso...? Asegura Gregory que, por su experiencia, el tema del dinero produce más sentimientos confusos y emociones encontradas que todos los otros temas juntos.

La buena noticia es que no importa por cuanto tiempo o cuan profundamente hayas mantenido esos sentimientos erróneos. Puedes darles la vuelta literalmente y atraer hacia ti un torrente de dinero. Todo lo que debes hacer es comenzar a practicar consciente y rigurosamente la Ley de la Atracción, dirigiendo tus sentimientos hacia ella y apoyando con intensa emoción tus pensamientos más positivos.

Cuando la Ley de la Atracción no funciona

Una de las críticas más frecuentes a la Ley de la Atracción es decir que, si ésta funcionara, todo el mundo sería rico y nadaría en la abundancia. Es una buena objeción, aunque fácilmente rebatible. En primer lugar, no «todo el mundo» está al tanto de la existencia de la Ley; de aquellos que la conocen, no todos han decidido practicarla; y de los que decidieron practicarla, no todos lo han hecho correctamente. Los pensamientos negativos suelen invadir todos los rincones de nuestra mente, incluso los más recónditos, y no es tan fácil librarse de ellos. A veces retornan por otras vías mentales, o se esconden en el subconsciente; en ocasiones renacen a partir de una imagen casual, o se enmascaran como pensamientos positivos. Es pues frecuente que el Universo no atienda pedidos que consideramos limpiamente positivos.

El experto canadiense Michael Losier lleva muchos años practicando y dando conferencias y cursos sobre la Ley de la Atracción, en especial enseñando lo que él llama «Atracción deliberada». Esa técnica procura asegurar la aplicación sin errores en el proceso de utilizar la ley para enviar un pedido al Universo. Es decir, asegurar que nuestro mensaje no esté contaminado.

Como ya sabemos, un mensaje contaminado por pensamientos negativos, cualquiera sea nuestro pedido, nos devuelve más pensamientos, sentimientos y experiencias negativas. El problema que procura resolver Loisier es el de cómo y por qué atraemos esa respuesta negativa. Y desde luego, saber si hay alguna forma de evitarlo. El investigador canadiense ha establecido cuatro razones principales:

• «ESTO SOY YO, ESTO NO SOY YO» •

Usar esta oposición, u otra similar, para aclararle al Universo las virtudes positivas que posees, oponiéndolas a las características negativas que rechazas. Esas características negativas que rechazas, forman parte de tu mensaje, y provocan que recibas precisamente lo que no quieres.

• UTILIZAR EL «NO» •

Un pedido a través de un pensamiento positivo no necesita en absoluto el vocablo «no». Su presencia sólo puede anunciar lo que no quieres (error fatal, según hemos visto), o vacilaciones del tipo «no sé», «no estoy seguro», «no creo», etc. Todos los pensamientos negativos te serán devueltos en consecuencia.

• DESCONFIAR DE LA LEY •

Por más limpia y llena de pensamientos positivos que tengas la mente, nunca envíes un mensaje pensando que es «para probar», «a ver si funciona», «por las dudas» o porque «nunca se sabe». La Ley de la Atracción es un mecanismo perfecto, por lo que no puede admitir la duda o la desconfianza.

• COMENTAR LO QUE NO QUIERES •

No se trata sólo de no mencionar dentro del mensaje lo que rechazas, sino tampoco fuera de él. Un ejemplo típico sería decirle a un amigo: «Enviaré un pedido a la Ley de la Atracción, porque estoy harto de ser pobre». Ese comentario entrará en el mensaje desde tu subconsciente, el Universo lo registrará, y el resto de tu vida te hartarás de ser pobre.

La abundancia es un sentimiento, y todo sentimiento produce una vibración», nos explica Losier. Esa vibración es del mismo tipo que las que producen nuestras ideas y pensamientos y, por lo tanto, es posible crear sentimientos en nosotros mismos o en los demás por lo que pensamos o decimos. Puedes experimentar y comprobar el sentimiento de abundancia cuando esperas una paga extra o un reintegro de Hacienda. Hay una excitación, una sensación de alegría y distensión, aún antes de que esa cantidad sea depositada en tu cuenta. La mayoría de las personas sienten esa abundancia cuando reciben la noticia del pago de algo inesperado, y no cuando ya pueden disponer del dinero. Eso nos indica que los sentimientos suelen estar más ligados a los pensamientos que a lo que ocurra en la realidad. Luego, si la idea de abundancia es un sentimiento que vibra, ¿por qué no duplicar la fuerza de nuestro pedido al Universo enviando también esas «vibraciones sentimentales»? La Ley de la Atracción controla la fuerza de las vibraciones que recibe, para responder con más intensidad a las más potentes. Si le ofrecemos más de lo mismo, en este caso la abundancia o la riqueza, también ella nos devolverá más de los mismo. Esto es lo que los expertos llaman «Atracción Deliberada».

Una de las formas más eficaces de obtener una fortuna es concentrarte sólo en lo que sabes hacer muy bien.

Karen Lim

La psicóloga estadounidense Karen Lim debe saber por qué hace esta afirmación, ya que es una de las más reconocidas expertas en estrategias de desarrollo empresarial. Decidida partidaria de la Ley de la Atracción, sostiene que es de capital importancia dedicar todo el tiempo disponible a las tareas que te interesan o te apasionan, y en las que destacas por lo bien que lo haces. «Muchas de las personas emprendedoras tienen tendencia a hacerlo todo por sí mismas —señala—. Eso puede resultar razonable, porque en el comienzo es fundamental que no se disparen los costes. A medio y largo plazo, sin embargo, esa estrategia puede costar mucho dinero.»

Pongamos el ejemplo de Juan, un programador informático, que cobra 100 € por hora de trabajo. Es un apasionado de su profesión, pero le aburren las tareas administrativas y contables implicadas en ella. De todas formas les dedica un día completo cada semana, para ahorrar costes. Si contratara a un administrativo que una vez por semana se ocupara de todo el papeleo, Juan dispondría de varias horas más para el trabajo que le gusta, que sabe hacer muy bien, y que le reporta 100 € por hora. Supongamos que las horas en juego son 6, y que el ayudante le cobra 20 € por cada una. Por ese tiempo el programador debe pagarle 120 € pero puede ganar 600 € en total, haciendo una diferencia de 480 €. ¿No está mal, verdad? El joven informático sólo necesitará haber reunido suficientes clientes para ocupar esas horas que antes le sobraban.

Además de repercutir en sus ingresos, la actitud de Juan dificultó sus pedidos a la Ley de la Atracción, cuando intentó solicitar su ayuda. El Universo percibía su malestar por tener que ocuparse de las tareas administrativas, y le devolvía más incomodidad y aburrimiento. Cuando el joven pudo dedicarse totalmente a su creatividad informática, emitió vibraciones totalmente positivas y pudo obtener el apoyo de la Ley de la Atracción, tanto en su éxito profesional como en su bienestar personal.

Si no trabajas por tu cuenta, sino como ejecutivo o empleado de una empresa, puedes aplicar el mismo principio. Debes asumir que tu compañía sólo te aumentará el salario y promoverá tu ascenso si tus servicios le dan buenos rendimientos. Procura delegar en otra persona las actividades burocráticas que no tienen relación con los resultados, y dedica tu tiempo y capacidades a lo que sabes hacer para mejorar esos resultados. Si, supongamos, eres un agente comercial, jefe de sección, técnico o relaciones públicas, solicita el apoyo de un administrativo para poder dedicarte plenamente a tu especialidad concreta. Y si tú mismo estás en administración, busca desarrollar nuevos sistemas o procesos que bajen costes y faciliten la gestión empresarial. En todos los casos y en cualquier actividad, poder centrarte en lo que conoces y te interesa te traerá reconocimiento, aprecio y la posibilidad de alcanzar tus mayores objetivos. Sobre todo porque contarás con excelentes respuestas por parte de la Ley de la Atracción.

En resumen, se trata de que no busques el éxito en actividades que no te atraen ni dominas demasiado. Una cosa es crear e innovar a partir de lo que sabes, y otra pretender inventarte una habilidad que no tienes. Aunque parezca que ese cambio forzado te llevará a la abundancia, a medio o largo plazo acabarás fracasando. Si además lo que haces te produce rechazo o simple aburrimiento, tu esfuerzo resultará al poco tiempo inútil. El secreto consiste en dedicar todas tus horas de trabajo a disfrutar con el trabajo bien hecho, intentando siempre mejorarlo y perfeccionarlo. Tus pensamientos serán positivos y tus emociones agradables e intensas. Esas virtudes impregnarán tus pedidos al Universo, y éste te otorgará el éxito y la felicidad que mereces.

6.

Ley de la Atracción, ciencia y religión

Lo que más me interesa de El Secreto es la Ley de la Atracción.
Es una ley verdadera, que existe y da resultado.

Ron McIntosh

*L*os postulados de la Ley de la Atracción del Universo provocaron inevitablemente reacciones adversas en los ámbitos religiosos y científicos. En estos últimos, las hipótesis de que nuestra mente puede interactuar con el Universo por medio de un intercambio de vibraciones, resultaba claramente fruto de la ignorancia o del interés por engañar incautos. Desde el punto de vista de las principales religiones monoteístas, la fe en la omnipotencia de la energía cósmica era puro panteísmo, cuando no una tremenda herejía.

Pero en los últimos tiempos los avances de la ciencia y la revisión de algunos dogmas religiosos, permiten un cierto cambio en estas actitudes. La Ley de la Atracción del Universo comienza a considerarse entendible y discutible (lo que ya es mucho para la ciencia y más aun para la religión), mientras sus partidarios y estudiosos elaboran trabajos que promueven un acercamiento fundamentado a la fe trascendente y al conocimiento científico del Universo.

Lo que había sido considerado como un fenómeno vago e impreciso, reservado sólo a los iniciados en las ciencias ocultas, acaba de hacer su entrada en el mundo científico.

Al igual que Martel, investigadora francesa en el campo de las energías del Universo, muchos autores y expertos son partidarios de una explicación más científica de la Ley de la Atracción. Sostienen que su poder responde a la teoría de la física cuántica, que es la versión más actual y avanzada de la mecánica de la energía. Basándose en los postulados de esta teoría, que relacionan con la Ley de la Atracción, sostienen que los pensamientos humanos emiten una energía que atrae a otras energías similares, cambiando la posición de las partículas que las componen. No obstante, esas energías seguirían siendo sensibles a la precisión, firmeza y claridad de nuestros pedidos, y exigiendo que los pensamientos positivos les lleguen limpios; no contaminados por pensamientos negativos.

Los partidarios de la teoría cuántica mantienen asimismo principios de tipo inmaterial o metafísico, como la confianza, la fe y el agradecimiento. Esos principios los han llevado a recuperar una autora casi olvidada, Mildred Mann, que en los años 60 del siglo pasado obtuvo una gran repercusión con su obra *Become What You Believe* (*Sé aquello en lo que crees*). En ese libro de inspiración panteísta Mann expuso una lista de siete pasos, que sería una referencia esencial para numerosos autores posteriores:

* **Desea.** Siente un gran entusiasmo por aquello que deseas para tu vida, un verdadero anhelo por algo que aún no tienes.
* **Decide.** Decide definitivamente qué es lo que quieres, lo que deseas hacer u obtener.
* **Pregunta.** Cuando sientas verdadero entusiasmo por lo que has decidido que deseas, pídelo al Universo con un lenguaje simple y conciso.
* **Cree.** Manifiesta una fe muy fuerte en el cumplimiento de tu pedido, tanto consciente como subconsciente.
* **Trabaja.** Ponte a trabajar en ello. Basta con unos pocos minutos diarios, en los que te visualices a ti mismo disfrutando ya de tu deseo cumplido. Nunca te distraigas imaginando detalles, ve directamente a la esencia: tu placer y satisfacción por haber obtenido lo que querías. Puedes hacer que lo deseado aparezca de pronto, como una especie de regalo; o imaginar que se te presenta una oportunidad segura para obtenerlo.
* **Muestra gratitud.** Recuerda decir siempre: «Te agradezco, Universo» (o «Dios mío») sintiendo realmente la gratitud en tu corazón. Estas palabras son

la oración más poderosa, siempre que las sientas intensamente, como si ya hubieras obtenido tu deseo.

* ***Mantente expectante.*** Procura sentirte en un estado de feliz expectativa. Escoge la forma en que tu pedido se hará realidad (por intermedio de alguien o de algo, o porque encuentras la forma de alcanzarlo por ti mismo), y mantén la fe en que sucederá.

La otra gran fuerza que domina la mecánica de las vibraciones es lo que algunos expertos denominan «Ley de Correspondencia». Esta norma cósmica actúa en forma complementaria y especular con la Ley de la Atracción, en la faceta de recibir, o sea de obtener una respuesta externa a los que piensas y sientes. Esta fuerza se percibe claramente en tres planos:

• PLANO DEL ENTORNO •

Las personas y situaciones pertenecientes al ámbito del mundo exterior que te rodea, responderán a tu presencia según una correspondencia exacta con tu propia actitud. Siempre verás tus pensamientos reflejados en los rostros, los gestos y las acciones de la gente que te rodea. Si tu talante es positivo y optimista, casi inmediatamente percibirás esa misma actitud en el ambiente. Y ocurrirá lo contrario si tu mente está cargada de pesimismo y pensamientos negativos.

• PLANO DE LAS RELACIONES PERSONALES •

Tu pareja, tu familia, tus amigos, y tus socios o colegas de trabajo, forman un círculo más próximo y sensible. Por lo tanto sus actitudes y sentimientos hacia ti están más estrechamente ligados por la Ley de Correspondencia. Son más proclives a devolverte lo que transmites, aunque de forma inconsciente o involuntaria.

• PLANO DE TU ECONOMÍA •

Éste es un punto esencial para los propósitos de este libro, que pretende guiarte hacia el éxito y la abundancia. Para conseguirlo debes atender muy especial-

mente a la calidad de tus pensamientos. Tu mundo externo de ingresos, patrimonio, y logros financieros, refleja puntualmente tu mundo interno, las actitudes e ideas que dominan tu mente. La parte de la Ley de Correspondencia que puedes controlar son tus pensamientos conscientes. Si puedes mantenerlos como la representación de aquello que deseas, en imágenes y visualizaciones de riqueza y bienestar, acabarán impregnando también tu subconsciente e integrando una visión totalmente positiva. Entonces la Ley de Correspondencia materializará en el mundo exterior esa prosperidad y solidez de tu economía.

Para obtener una proyección óptima de ambas leyes maestras del Universo, debes recordar que no se trata sólo de controlar tus pensamientos, sino también repercute el estado de ánimo y las emociones que los acompañan. Si el pensamiento es positivo, pero lo acompaña un sentimiento de duda o de temor, eso será lo que te devolverá el Universo. Esfuérzate siempre por sentir alegría y confianza por el indudable cumplimiento de tus deseos. Alimenta continuamente tu mente con nueva información, ideas, e imágenes sobre la clase de persona que quieres ser y el tipo de vida que ambicionas llevar. Esa actitud interna plena y segura transformará sin duda alguna tu realidad externa.

Lo que más me interesa de El Secreto *es la Ley de la Atracción. Es una ley verdadera, que existe y da resultado.*

Ron McIntosh

El reverendo McIntosh es pastor protestante, director del Instituto Bíblico Victoria en Tulsa, Oklahoma, y autor del libro *The Greatest Secret (El Secreto más grande)*. En esta obra el religioso relaciona la Ley de la Atracción con la Ley de Correspondencia en el culto de la Ciencia Cristiana, que reza: «Tu mundo exterior se corresponde directamente con tu mundo interior», o sea una variante más del axioma de la Tabla Esmeralda. La cita anterior, expresada por un líder religioso como el reverendo Ron McIntosh, es sin duda un paso importante en favor de un acercamiento entre la doctrina cristiana y las leyes del Universo.

«La Ley de la Atracción es sembrar y recoger, dar y recibir, junto con una renovación de la mente —expresa el reverendo . Lo que siembras es lo que piensas y lo que has sembrado cosecharás.» Yendo a las fuentes evangélicas, asegura que las bienaventuranzas de Jesús reflejan básicamente la Ley de la Atracción, citando a Mateo 5:3: «Bienaventurados los pobres de espíritu, porque suyo es el reino de los Cielos». Explica McIntosh que el Redentor no se refiere a la pobreza de dinero, sino a la humildad espiritual, que se somete a la sabiduría y a los designios de Dios. Con lo que el verdadero sentido de la cita de Mateo sería que los que reconocen y obedecen a Dios atraen a ellos el Reino. En su encíclica a los romanos 12:14, San Pablo escribe: «Bendecid a los que os persiguen, bendecid y no maldigáis».

¿Por qué no has de maldecir a los que pretenden hacerte daño? McIntosh responde que porque el apóstol sabía que la bendición atrae bendiciones, y la maldición recibe lo malo y negativo que hay en ella. Encontramos otro ejemplo en Lucas 6:27, donde el evangelista pone en boca de Jesús estas palabras: «...amad a vuestros enemigos, haced el bien a los que os aborrecen»; para agregar en el versículo 31: «Tratad a los hombres de la manera en que queréis ser por ellos tratados», y concluir en el versículo siguiente: «...porque los pecadores aman también a quienes los aman». Pura Ley de la Atracción, asegura el reverendo Ron McIntosh.

No obstante, el autor cristiano mantiene que ciertos aspectos de la Ley de la Atracción no son aceptables por la doctrina de su credo. Por ejemplo, que las leyes que Dios dio al Universo sean activadas sin su intervención; o que una persona pueda cambiar a placer el destino personal que Dios le ha fijado en la eternidad. Lo cierto es que numerosos expertos en la Ley de la Atracción aceptan que la energía del Universo y Dios pueden ser la misma cosa, o sea la fuerza creadora y rectora. No importa el nombre que le demos si creemos en ella y aceptamos sus reglas. Tal vez esto sea aún demasiado sacrílego para las religiones históricas, pero al menos se está iniciando una discusión que puede dar frutos trascendentes.

7.

Prepárate para triunfar

Abandona tu papel de mendigo en la puerta
de la abundancia y la prosperidad.

Peter Kummer

*E*l éxito y la prosperidad están ya al alcance de tu mano, junto a todos los anhelos y ambiciones que podrás cumplir gracias a la abundancia. Sólo las leyes del Universo pueden hacerte rico. Si has entendido esto y lo crees firmemente, estás a unos pocos pasos de lo que siempre has deseado. Pedirlo a la Ley de la Atracción es un procedimiento sencillo y seguro, que sólo falla si tú no estás preparado o cometes errores. Por eso es importante que te prepares a conciencia antes de definir y enviar tu mensaje.

Abandona tu papel de mendigo en la puerta de la abundancia y la prosperidad.

Peter Kummer

Como bien expresa Peter Kummer, no puedes dirigirte al Universo como un pordiosero, porque su respuesta sería dejarte en ese estado de por vida. Debes presentarte como alguien que solicita lo que le corresponde, con respeto pero seguro de sí mismo. Es decir alguien que sabe absolutamente lo que quiere, y que ha saneado su pensamiento de ideas e imágenes negativas. Una persona positiva, dispuesta a dar y recibir, con la mente abierta y una excelente salud psíquica y física. Bien, es posible que aún no seas esa persona, y debas entrenarte para mejorar en algunos aspectos. No hay otra forma de mejorar la calidad intrínseca de tu mensaje.

Los expertos en el pensamiento positivo y las Leyes del Universo, suelen incluir en sus obras procesos, recetas y ejercicios de diverso tipo para ayudarte a mejorar los rasgos negativos de tu personalidad. Nosotros hemos reproducido varios de esos consejos en el primer volumen de *Más allá de El Secreto*, que puedes consultar si lo deseas. Pero como el presente libro es autónomo del anterior, dedicaremos este capítulo a describir algunos nuevos recursos desarrollados recientemente y que pueden resultarte muy útiles.

Los medios y técnicas de ayuda para trabajar con la Ley de la Atracción del Universo forman un proceso que a grandes rasgos incluye los siguientes:

* Respiración
* Relajación
* Concentración
* Meditación
* Visualización

La mayoría de ellos se practican desde hace siglos en los cultos tradicionales de Oriente, basados esencialmente en la vida espiritual y mental. Sobre esa base han trabajado especialistas occidentales para adaptarlos a nuestra sociedad y nuestra cultura, incluso con apoyos en las ciencias médicas y psicofísicas. Es por eso que un tipo de vida basado en esos factores, es también recomendable para mantenerte sano de cuerpo, mente y espíritu. En este capítulo trataremos sobre los dos recursos «corporales», la respiración y la relajación; y en el próximo los otros tres recursos, que son más «mentales».

Respiración: el hálito de la vida

Desde siempre la respiración ha sido vinculada con la vida. No sólo desde el enfoque de su imprescindible función orgánica, sino también en un sentido simbólico y metafísico. Todo lo que está vivo respira, y si deja de respirar muere. Por la respiración expulsamos los detritus viciados de nuestro interior y recibimos las fuerzas que lo renuevan. Es también la gran metáfora del ritmo del Universo, de sus vibraciones cósmicas, del constante ir y venir de sus energías astrales, de la continua creación y recreación de todo lo que existe. Grandes religiones, como el islamismo y el hinduismo, otorgan a la respiración un carácter casi sagrado, y practican toda una liturgia de ejercicios respiratorios avanzados para alcanzar la perfección y comunicarse con la divinidad.

En cada aliento hay un camino hacia Alá.

Ibn al-Arabi

El gran místico y filósofo hispanoárabe del siglo XIII Abu Ibn al-Arabi, conocido como el «doctor Maximus», dice en su obra capital *Las Iluminaciones de La Meca*: «El creyente perfecto es aquel que, pendiente de su respiración, se hace guardián del tesoro de su corazón. Dejemos que la conciencia de la respiración haga de guardián, y no deje pasar a ningún extraño. No dejéis entrar ningún pensamiento que no sea del Alabado».

Al-Arabi fue uno de los grandes maestros del sufismo, una corriente particular y profunda del islam. Los musulmanes, como los cristianos, creen que los buenos creyentes se reunirán con Dios en el Paraíso después del Juicio Final. Los sufís («derviches» en su versión persa) entienden que la unión con la divinidad, o consubstanciación, puede producirse durante la vida del creyente. En ese «camino hacia Alá» la respiración, la conciencia del propio aliento, juega un rol fundamental. Es lo que mantiene al creyente alerta y activo en su proceso de unidad con lo divino.

La doctrina sufí que propugna la consubstanciación con Alá, o sea con Dios, muestra semejanzas con el principio trascendente de la Ley de la Atracción. Ese principio nos dice que podemos integrarnos en la divinidad creadora para hacer realidad lo que queremos crear en nuestra vida. Los sufís, al igual que nosotros, aspiran a disfrutar de la gloria en la Tierra, porque no debemos olvidar que «lo que es arriba es como lo que es abajo». Para conseguirlo, practican una serie de oraciones, gestos, danzas y sonidos, que requieren un completo dominio de la respiración profunda. El control respiratorio hace «cantar al corazón», otorga bienestar al cuerpo y es esencial para la claridad espiritual.

> *La brisa del anochecer tiene secretos que contarte,*
> *no te retires a dormir*
> *Debes pedir lo que realmente anhelas,*
> *no te retires a dormir.*
> *La gente está pasando por el umbral de la puerta*
> *donde los dos mundos se tocan.*
> *La puerta es redonda y está abierta,*
> *no te retires a dormir.*

Jalal ad-Din Mohammad Rumi

La respiración trascendente es una experiencia mística, en la que el sufí honra a los cuatro elementos de la naturaleza, como instrumentos para invocar a Dios. El proceso consiste en varios ejercicios respiratorios, acompañados de movimientos del cuerpo y gestos con las manos, que favorecen la concentración de la mente y sus energías. Al margen del acto de oración deliberado, se puede invocar a uno o más elementos cuando necesitamos alguna ayuda o inspiración. Podemos pedir más Tierra, Agua, Aire, Fuego o Éter con el fin de restaurar el equilibrio interior de los elementos o modificar condiciones externas, así como en situaciones de progreso espiritual.

Su desarrollo es el siguiente:

• A) LA ORACIÓN NAYAZ DE PURIFICACIÓN •

Con las manos abiertas delante del pecho, decir, cantar o entonar lo siguiente:

> *¡Amado Señor, Dios todopoderoso!*
> *Por los rayos del Sol, por las ondas del Aire*

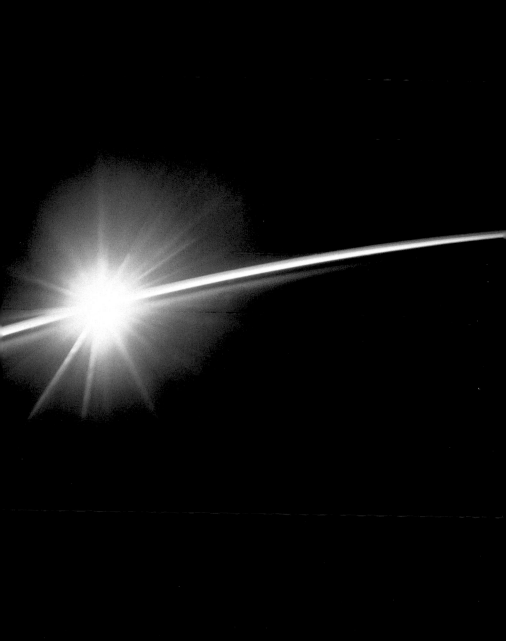

por la Vida que impregna todo en el espacio
purifícame, vivifícame, y, te ruego,
cura mi cuerpo, mi corazón y mi alma
Amén.

Al decir Amén las manos se alzan sobre la cabeza.

• B) EL ELEMENTO TIERRA, CON EL COLOR MÍSTICO AMARILLO •

Con las manos cruzadas sobre el pecho, recitar o cantar:

¡Oh Madre Tierra que todo lo produces!
Te ofrecemos humildemente nuestro homenaje

Haz cinco inhalaciones y exhalaciones por la nariz, mientras alzas los brazos sobre la cabeza con las manos abiertas hacia el cielo. Siente que recibes la vitalidad de la Tierra, y repite mentalmente: *¡Oh Madre Tierra que todo lo produces!*
Retiene un momento la respiración, mirando hacia arriba y manteniendo los brazos alzados. Luego exhala el aire por la nariz, en cinco expiraciones, bajando los brazos con las manos firmemente enlazadas sobre el pecho en posición reverencial. Repite mentalmente: *«Te ofrecemos humildemente nuestro homenaje».*

• C) EL ELEMENTO AGUA, CON EL COLOR MÍSTICO VERDE •

Como con los otros elementos, la oración consiste en una invocación y un homenaje:

¡Oh Agua que todo lo purificas,
deseamos ofrecerte nuestro homenaje!

Pon las manos frente a ti, unidas como para formar un cuenco. Respira cinco veces, en la siguiente forma:

❋ Inhala por la nariz y pronuncia mentalmente la invocación.
❋ Contén la respiración un momento.
❋ Exhala por la boca, con un leve soplo, y pronuncia mentalmente el homenaje.
❋ Inhala por la nariz y retiene el aire un momento, repitiendo la invocación
❋ Exhala por la boca, repitiendo el homenaje.

• D) EL ELEMENTO FUEGO, CON EL COLOR MÍSTICO ROJO •

Con las manos bien estrechadas entre sí, bájalas y súbelas frente a ti mientras recitas mentalmente la siguiente oración:

¡Oh Fuego que todo lo consume!
Te ofrecemos de todo corazón nuestro homenaje.
Sigue los cinco pasos ya indicados en los elementos anteriores.

• E) EL ELEMENTO AIRE, CON EL COLOR MÍSTICO AZUL •

Haz aletear las manos como una mariposa, mientras las haces subir y bajar. Repite mentalmente:

¡Oh Aire que todo lo impregnas!
Te ofrecemos complacidos nuestro homenaje.

• F) EL ELEMENTO ÉTER, CON EL COLOR MÍSTICO GRIS •

Con las manos cruzadas sobre el pecho (la izquierda sobre la derecha), respira suavemente por la nariz. Repite cinco veces la siguiente oración:

¡Oh Éter, esencia de todo!
Te ofrecemos nuestro sumiso homenaje.

• G) ORACIÓN PARA UNA NUEVA VIDA •

Sostén las manos abiertas frente a ti, con las palmas hacia adentro y los dedos juntos.

¡Oh, Tú que moras en nuestro corazón!
El Dios más misericordiosos y compasivo,
Señor del Cielo y la Tierra.
Perdonamos a los otros sus agravios
y te rogamos perdones nuestros errores
Comenzamos una nueva vida
con el corazón puro y la conciencia limpia,
con valor y esperanza.
Ayúdanos a alcanzar el objetivo de nuestras vidas
bajo tu divina orientación.
Amén.

La respiración del yoga

El yoga es una de las seis *darshanas* o doctrinas tradicionales del hinduismo, que tiene como fin la unión o integración del espíritu individual con la divinidad. Su práctica está por tanto muy vinculada a las características metafísicas de las leyes del Universo. Desde los pioneros de la energía cósmica hasta los expertos y maestros de hoy en día, la inspiración yóguica ha estado presente en las ideas y desarrollos relacionados con la Ley de la Atracción. Son también muchos los ejercicios y técnicas que provienen directa o indirectamente del Hata Yoga, que es su vertiente de recursos psicofísicos para lograr la paz interior. El Hata Yoga se basa en dos tipos de ejercitación: las *asanas*, o posturas corporales que facilitan la relajación (y de las que hablaremos más adelante); y el *pranayama*, o ciencia para controlar la respiración y favorecer la interrelación cuerpo-mente.

El término sánscrito *pranayama* significa literalmente «control de la respiración», en tanto *prana* es el nombre de la energía mística que la respiración otorga al individuo; y *yama* quiere decir dominio o control. Con lo cual el verdadero sentido de esa expresión sería «control de la respiración para enriquecer la energía interior».

El *pranayama* no busca sólo obtener una energía psicofísica más sana e intensa, sino que en última instancia apunta al gran fin místico del yoga: la consubstanciación con lo divino. El camino para obtenerla se divide en cuatro estadios:

* *Arambha.* Es el inicio, el momento en que se despierta tu interés por el pranayama y comienzas a practicar la respiración profunda.
* *Ghata.* Cuando las tres *sariras* o virtudes necesarias envuelven tu alma (tu espíritu o tu mente). Esas *sariras* son lo Fuerte, lo Sutil, y lo Causal.
* *Parichay.* El estadio en el que has llegado a conocer y dominar completamente el arte del *pranayama*.
* *Nispatti.* Cuando tu cuerpo físico trasciende hacia otra dimensión, donde se produce tu unión con la Divinidad.

El Hata Yoga fue la primera corriente espiritual que dio importancia a la respiración profunda, y le otorgó una virtud trascendente. El *pranayama* desarrolló técnicas para ir más allá de la respiración común o pulmonar, que implica a la caja torácica. Se agregó la llamada respiración abdominal, que empuja el diafragma hacia abajo; así como la intercostal, que expande los músculos de las costillas; e incluso la clavicular, en la parte alta del pecho y bajo los hombros. Aunque en una imagen simbólica pareciera que todos esos espacios se llenan de aire, como si respiráramos con todo el tronco del cuerpo, esa respiración sería anatómicamente imposible. La absorción y distribución del oxígeno sólo pueden realizarla los pulmones, y lo que ocurre es que éstos se expanden y aumentan su capacidad al disponer de más espacio. La oxigenación es entonces mayor y más completa, en lo que podríamos llamar «respiración total».

Pranayama

(La respiración total del Hata Yoga)

Para iniciarte en la práctica del *pranayama* debes seguir los siguientes pasos:

* En un sitio que te resulte apropiado, acuéstate de espaldas en el suelo y permanece relajado.
* Expele el aire desde el abdomen, con una exhalación lenta y profunda.
* Cuando te sientas vacío, inicia una inspiración diafragmática, también lenta y continua.
* Al sentir que has llenado la cavidad abdominal prosigues la inspiración, al tiempo que expandes poco a poco las costillas.
* Cuando la caja torácica también se haya colmado, eleva la zona clavicular para dejar entrar un poco más de aire.
* Ahora tu cuerpo es una especie de balón de oxígeno, y puedes iniciar la exhalación, siguiendo los mismos pasos en sentido inverso.

Observaciones: Mientras haces los ejercicios tu mente debe estar concentrada exclusivamente en ese proceso, y los músculos de las manos, la cara y el cuello totalmente relajados.

Si piensas que no tienes tiempo de practicar la respiración profunda, respira profundamente y piénsalo una vez más.

Marcelle Pick

El estudio y desarrollo de la respiración controlada en Occidente partió de la filosofía y las técnicas orientales. En la actualidad es un campo que se sigue investigando desde la medicina y la neurociencia, al tiempo que aumenta el número de personas que enseñan y practican sus distintas vertientes. En un reciente análisis de numerosos estudios académicos sobre el tema, los doctores Richard Brown y Patricia Gerbarg publicaron en *Current Psychiatry* sus conclusiones sobre las evidentes ventajas de los ejercicios de respiración profunda inspirados en el yoga. Estos autores señalan que su práctica es un valioso complemento de las terapias médicas tradicionales, y en algunos casos puede llegar a reemplazarlas. Los resultados son particularmente efectivos en el tratamiento de numerosos síndromes psicosomáticos, en especial los desórdenes relacionados con la anorexia y la obesidad.

«La razón por la cual la respiración profunda es tan buena para tu vida y tu salud mental —explica la especialista Marcelle Pick—, es que eleva la capacidad de tu corazón e impulsa al pulmón a tomar más oxígeno y expeler más dióxido carbónico.» Ese efecto revitalizador fortifica el músculo cardiaco y bombea fuertes corrientes de oxígeno a todas las células de tu cuerpo, incluyendo las que operan con una capacidad reducida o insuficiente.

La respiración que llamamos «normal» es en realidad superficial. Con el tiempo su ritmo limitado va constriñendo los tejidos del pulmón y el pecho, disminuyendo el flujo de oxígeno al organismo, y sobre todo al cerebro. La respiración profunda y rítmica expande el músculo diafragmático, el pulmón aumenta su capacidad, produciendo una respuesta general relajante y enviando más oxígeno al sistema inmunitario y a las células neuronales del cerebro. Éste es, como sabemos, el habitáculo biológico de la mente, y ésta la cuna de los pensamientos que nos llevan o no a beneficiarnos de la Ley de la Atracción. Y cuanto más fuerte y ágil se encuentre tu cerebro, más fácil te será producir pensamientos positivos.

La denominada «respuesta relajante» es un descubrimiento fundamental en la lucha contra los pensamientos negativos. Nuestro estado de relajación está regido por el sistema nervioso parasimpático, cuya principal función es controlar y disminuir el nivel de tensión del organismo, favoreciendo funciones como la digestión, la micción y el acto sexual. En caso de exceso de ansie-

dad o de estrés, tendemos a contener el aliento o a respirar de forma rápida y superficial. El oxígeno que llega al parasimpático es insuficiente, y lo va debilitando, lo que suele desembocar en depresión, dolores y contracturas musculares, insomnio, o fatiga crónica, así como angustia y confusión mental. No es el estado ideal, desde luego, para enviar vibraciones positivas al Universo.

Con la práctica de la respiración profunda o diafragmática el sistema parasimpático se refuerza y elimina la sobrecarga de tensión, con un efecto muy favorable sobre nuestro talante y nuestra actitud. Nos sentimos bien, relajados, seguros, con la mente amplia y clara, dispuesta a afrontar los cambios necesarios para enriquecernos en todo sentido.

Los ejercicios para profundizar tu respiración son sencillos, no llevan mucho tiempo, y puedes practicarlos en cualquier momento y casi en cualquier lugar. Por ejemplo en una pausa de tus tareas, haciendo compras, bajo la ducha, leyendo, andando por la calle, paseando por un parque, viajando en metro o en bus, etc. Pon mensajes que ayuden a tu memoria, con la palabra «respira» en distintos lugares de tu casa o tu puesto de trabajo. Otro buen recordatorio son los semáforos: acostúmbrate a hacer respiración profunda mientras esperas la luz verde, con lo que además reducirás el estrés que produce conducir con mucho tráfico.

Como hemos visto al tratar el *pranayama*, el proceso respiratorio comienza por una exhalación. Es decir, por expulsar el aire viciado que tienes en los pulmones. Y así debes iniciar el ejercicio, sentado en una postura confortable, con las manos sobre las rodillas y los hombros relajados.

⁕ Exhala lentamente el aire por la nariz, contando hasta cinco. Mientras lo haces tensa los músculos abdominales concentrándote en el diafragma, para ayudar a vaciar totalmente tus pulmones.
⁕ Al terminar la exhalación, haz una pausa de dos segundos.
⁕ Inhala lentamente por la nariz, contando hasta cinco.

Algunos practicantes visualizan un color o una imagen alegre cuando inspiran, y una visualización triste al exhalar el aire viciado. Eso los ayuda a concentrarse y evitar que su mente divague durante el ejercicio. Pero a medida que adquieras mayor destreza en la respiración profunda, verás que puedes practicarla sin prestarle casi atención.

Una correcta respiración nuclear es el fundamento de todas las cosas.

Nancy Zi

La doctora Nancy Zi es una experta en respiración profunda, autora del libro *El arte de respirar,* en el que también relaciona la mala respiración con el estrés. Asegura que respirar de forma incorrecta puede producir tensión, cansancio, fatiga del aparato respiratorio y sequedad de garganta, llegando a interferir en la actividad física y promover dolores, molestias y enfermedades. La respiración profunda, por el contrario, «elimina las tensiones y el estrés, aumenta la energía, a la vez que relaja los músculos y clarifica la mente».

Zi utiliza el término «respiración nuclear» para enfatizar su convicción de que la exhalación debe iniciarse desde un núcleo abdominal imaginario, y la inspiración debe hacer descender el diafragma hasta llegar a ese punto. La autora sitúa ese núcleo intangible en la mitad de la línea que va del ombligo al pubis. El diafragma es una membrana muscular elástica y flexible, que separa la cavidad torácica de la abdominal.

En posición normal permanece distendido y curvado hacia arriba, a la altura del plexo solar. Cuando inspiramos profundamente, la presión lo obliga a contraerse y descender, motivando que los músculos intercostales presionen las costillas hacia afuera. La cavidad torácica se expande, y el aire llena plenamente los pulmones para ocupar el vacío, con lo que sigue presionando al diafragma hacia abajo. Al principio quizá no alcanzarás con tu diafragma el punto nuclear de la doctora Zi, pero el tiempo y la práctica aumentarán tanto su elasticidad como tu destreza respiratoria.

La mayoría de nosotros respiramos desde nuestras gargantas, pero los seres humanos perfectos respiran desde los talones.

Chuang Tzu

Hemos tomado esta cita del gran sabio taoísta Chuang Tzu del libro *El Tao de la respiración natural*. Un seguidor del maestro, Dennis Lewis, dicta cursos y organiza talleres de optimización respiratoria. Si respiramos mal o de forma superficial, explica, llevamos poco oxígeno a todas nuestra células, y en especial a las más sensibles, como las del cerebro y los órganos vitales. Esas células pueden deteriorarse a causa de la insuficiencia de oxígeno, produciendo disfunciones orgánicas y neuronales. Otros problemas de salud de origen respiratorio pueden aparecer cuando la respiración es demasiado rápida y superficial. La tasa normal de la respiración común o plana es de 6 inspiraciones por minuto. En un estudio publicado por la prestigiosa revista médica *The Lancet*, pacientes que respiran 12 a 14 veces por minuto son proclives a una insuficiencia de oxígeno que «puede afectar la musculatura esquelética y la función metabólica, produciendo atrofia muscular e intolerancia al esfuerzo físico».

Para optimizar los resultados de una buena respiración profunda, es aconsejable seguir una serie de pautas complementarias que aseguren su eficacia. El Instituto de Prevención de Salud Sunbeam, de California, recomienda las siguientes medidas a sus pacientes:

✳ Si eres fumador, intenta dejarlo cuanto antes.
✳ Haz un tratamiento básico de desintoxicación dos veces por año, para aliviar los riñones, el hígado y el sistema linfático.
✳ Controla y evita cualquier agente que pueda interferir en tu capacidad de respirar con profundidad. Los virus, bacterias, el aire muy caliente (utiliza un humificador al poner la calefacción), o la sensibilidad a ciertos alimentos (por ejemplo los lácteos), pueden inflamar las fosas nasales o provocar una flema excesiva, que te dificulte la respiración por la nariz.

* Limpia tus conductos nasales al levantarte y al acostarte, utilizando un cánula con agua de mar o agua destilada.
* Saltar a la cuerda o sobre una superficie elástica durante 5-10 minutos al día te ayudará a activar el flujo linfático.
* Continúa siempre con tu plan de respiración profunda, durante 10 minutos cada día.
* Camina 10 minutos al día combinando tu andar con respiraciones profundas.
* Consigue siempre tiempo para tus ejercicios diarios, sin falsas excusas, y hazlos con dedicación y alegría.

Relajación: clave de la serenidad

La respiración profunda y la relajación corporal son como dos gemelas inseparables, al punto de que es prácticamente imposible practicar una sin la otra. Dice el diccionario que la relajación es un «estado de reposo físico y mental», y en segunda instancia, una «técnica a base de ejercicios corporales y respiratorios, para conseguir la distensión corporal y nerviosa». Esa doble distensión es la base elemental e imprescindible de cualquier práctica metafísica o mística, y muy especialmente de nuestro proceso para obtener contacto con las leyes del Universo. La relajación es el primer paso para limpiar nuestra mente de pensamientos negativos y permitir que elabore los pensamientos positivos que serán bien recibidos por la Ley de la Atracción.

Nuestra vida diaria nos ofrece momentos de relajación, que debes buscar y disfrutar. Por ejemplo, dar un paseo, leer un buen libro, entonar o silbar una canción, mantener una charla distendida, bailar, pescar, sentarte en la terraza de un café, escuchar música sin estridencias, hacer un poco de gimnasia o practicar un deporte no violento. Siempre debes tener en cuenta que caer agotado no es estar relajado. Por eso todo recurso de relajación debe ser suave, lento y tranquilo, como el propio estado de serenidad psicofísica que quieres alcanzar.

Se trata simplemente de dar un poco de descanso a tu yo
personal y convulsivo, para descubrir un yo más profundo.

William James

Este consejo de William James (1842-1910), pionero de la psicología estadounidense, relaciona la relajación con alejar de la mente los problemas individuales, tanto cotidianos como excepcionales, para darle descanso y distenderla. Ese «yo convulsivo» debe detenerse, dejar de acosarte con pensamientos confusos y violentos que te impiden buscar soluciones más elevadas y sabias. En palabras de la experta en energías mentales Ghislaine Martel: «En esencia consiste en no hacer, no actuar; practicar el "dejarse ir", creando un vacío que te permite después volver a llenarlo mucho mejor. Contrariamente a la opinión generalizada, mediante la relajación ganarás una gran cantidad de tiempo. En efecto, una corta relajación te dejará tan descansado como una larga noche de sueño. Tu espíritu estará despejado y dispuesto, en un estado de conciencia despierta, y te sentirás dueño de ti mismo».

Relajarse consiste en liberar la energía que circula en nuestro interior.

Ghislaine Martel

Los momentos de relajación que puedes encontrar en la vida diaria, e incorporar en lo posible a tus costumbres, son necesarios y beneficiosos. Pero no son suficientes para preparar el proceso que ha de llevarte al éxito, a través de las vibraciones de la Ley de la Atracción.

Hay algunos ejercicios de relajación muy simples, que puedes realizar cuando sientas que estás demasiado tenso. Por ejemplo durante una reunión importante si eres ejecutivo, o en medio de un examen si eres estudiante. El siguiente es un ejercicio que resulta adecuado para esos casos:

• EJERCICIO RESPIRACIÓN-RELAJACIÓN •

* ***Respiración profunda.*** Exhala profundamente por la nariz, y luego inhala profundamente hasta llenar todo el tronco. Mientras lo haces concéntrate en relajar los músculos de tu cuerpo.
* ***Focalización.*** Al exhalar lentamente el aire de tus pulmones, piensa o pronuncia en voz baja una frase o sentencia que te resulte relajante.
* ***Estiramiento.*** Estira los músculos del cuerpo en sentido vertical. Por ejemplo, lleva los brazos sobre la cabeza y estíralos desde los hombros hacia las manos. Estira cualquier otro músculo que sientas tenso o agarrotado.
* ***Visualización.*** Piensa en un lugar que te resulte agradable y sereno. Sigue respirando profundamente por la nariz y procura sentir, oír, oler los elementos del paisaje que estás viendo mentalmente.

Cuanto más entrenado estés en respirar profundamente y relajarte, más fácil te resultará hacerlo en caso de necesidad o como simple práctica diaria. Para conseguir mayor destreza es importante que dediques un tiempo cada día (o al menos tres veces por semana) a perfeccionar tu técnica con ejercicios más largos y complejos. A continuación te damos un ejemplo:

• RELAJACIÓN MUSCULAR PROGRESIVA •

* Busca un sitio silencioso y a media luz. Siéntate o tiéndete en una postura natural y confortable. Puedes poner una música suave, a bajo volumen.
* Cuando te sientas dispuesto a comenzar, cierra los ojos sin forzar el gesto. Ve relajando los músculos de tu cuerpo por partes sucesivas: los pies, las piernas, el tronco, los hombros, el cuello y la cara.
* Contrae los músculos de cada zona unos 30 segundos, y luego déjalos ir hasta sentir que reposan relajados.
* Comprueba si alguna parte de tu cuerpo aún está tensa. Si es así, repite el ejercicio sólo en esa zona muscular.
* Toma conciencia de la diferencia entre el antes y el después; entre tu cuerpo tenso y tu cuerpo relajado. Eso te ayudará a reconocer y prevenir el estrés.

La imaginación creativa

La imaginación o visualización es un factor de gran ayuda en los ejercicios de respiración y relajación. Más adelante veremos que juega también un papel muy importante en la elaboración de pensamientos positivos y el envío de mensajes apropiados a la Ley de la Atracción. Su empleo en los ejercicios previos es más simple y de mayor libertad temática. Se trata simplemente de imaginar algo (es decir, «ver» mentalmente una imagen) que nos ayude a concentrarnos e impedir pensamientos que nos distraigan.

Puede tratarse de una situación, un paisaje, o incluso una persona querida, que nos resulte agradable o nos traiga un buen recuerdo. La escena debe relacionarse con elementos positivos, como la felicidad, la alegría, la paz, el descanso, la belleza o la seguridad. También puede tratarse de una evocación sensorial, como el canto de los pájaros o el rumor de las olas; el olor de una flor o de un bosque; el sabor de una fruta preferida; la tibieza del sol en la piel; o cualquier otra sensación que recordemos con placer. Lo importante es que la imagen o la sensación que hacemos presente nos sirva para rechazar el estrés y las presiones negativas. Otro recurso es usar la mente para imaginar escenas «en directo», como por ejemplo la tensión liberando tus músculos, o el estrés que se aleja de tu mente.

Una imaginación bien entrenada es además un valioso instrumento de efectividad y seguridad. Te permite ensayar mentalmente lo que vas a hacer o explicar en una circunstancia difícil, como un viaje, un examen médico o una exposición de negocios; y también prevenir tu reacción ante un hecho inesperado, como un accidente, un atraco o un fallo en tu trabajo.

Si pones a punto tu respiración, sabes relajarte, y usas sabiamente la imaginación, habrás recorrido un largo trecho en tu viaje hacia la prosperidad y la abundancia.

8.

Optimiza tus recursos mentales

Cuando tu mente comience a iluminarse, te será muy fácil concentrarte por mucho tiempo y muy profundamente.

Sri Chinmoy

*L*os métodos y ejercicios que hemos explicado hasta ahora están dirigidos al dominio de tu cuerpo y tu cerebro. Se trata de que ambos constituyan el mejor receptáculo para que puedas desplegar toda su energía potencial en positivo, y obtener de la Ley de la Atracción todo el éxito y bienestar que deseas. El paso siguiente es preparar tu mente para cumplir en forma óptima ese objetivo. Y para conseguirlo, cuentas con tres instrumentos imprescindibles:

* *La concentración*
* *La meditación*
* *La visualización*

Cada uno de ellos tiene una función y una formar de alcanzar un nivel de excelencia, que debes llegar a dominar con destreza y facilidad.

Aprende a concentrarte al máximo

En un sentido general se entiende la concentración como una habilidad de la mente, que consiste en la capacidad de dirigir el pensamiento hacia un tema o asunto determinado, y mantenerlo todo el tiempo necesario sin interferencias extrañas. Todos practicamos la concentración de vez en cuando, aunque por un lapso relativamente breve. Finalmente otros pensamientos o imágenes la perturban, y volvemos al estado habitual de saltar indistintamente de un tema a otro.

Pero cuando se trata de limpiar y enriquecer tu mente, hasta lograr que sólo la habiten pensamientos positivos, la simple concentración que usas para estudiar algo o resolver un problema no es suficiente. Necesitas concentrarte más profundamente y por mucho más tiempo, a fin de conseguir visualizaciones y vibraciones potentes y apropiadas en el momento que lo desees. La mayoría de los expertos coinciden en que la práctica y el entrenamiento para ello dependen de seis condiciones básicas:

* *Compromiso contigo mismo*
* *Entusiasmo por la tarea*
* *Habilidad para realizarla*
* *Bienestar emocional y físico*
* *Estado psicológico*
* *Entorno*

Veamos ahora cada una de estas condiciones:

• COMPROMISO •

Necesitas asumir un compromiso personal respecto al esfuerzo y la perseverancia que deberás poner en la tarea. Esto incluye el cumplimiento de un plan estricto pero realista, que se ajuste a tus condiciones de vida. Si sólo te dedicas a hacerlo a medias, te será más difícil tomarte en serio la tarea y a ti mismo.

• ENTUSIASMO •

Si te interesas en la tarea y disfrutas con ella, te será fácil motivarte para comenzar los ejercicios. Una vez que has empezado, tu entusiasmo por la actividad te llevará a sentir que quieres hacerlo bien.

• HABILIDAD •

Saber cómo hacer algo te da confianza para conseguir cumplirlo con éxito. No tengas dudas sobre tu destreza para lograr concentrarte, ni ansiedad sobre si lo harás bien. La ansiedad es uno de los mayores enemigos de la concentración.

• BIENESTAR EMOCIONAL Y FÍSICO •

Una buena disposición física significa que te sientes descansado, relajado y confortable con tu propio cuerpo. Si además tu estado emocional es sereno y benevolente, ambas situaciones aumentarán tu autoestima y facilitarán que te concentres en pensamientos positivos.

• ESTADO PSICOLÓGICO •

Procura resolver o alejar tus problemas cotidianos, y aparcar cualquier situación conflictiva antes de iniciar la práctica de la concentración. Ya volverás después a ellos, y mejor preparado para afrontarlos. Por ejemplo, si tu estado psíquico es confuso u obsesivo, tu mente estará preocupada y no tendrá sitio para concentrarse en pensamientos positivos.

• ENTORNO •

Trata, por lo menos al principio de tu práctica, de encontrarte solo y en un lugar cómodo y tranquilo. Asegúrate de que el entorno no interceptará tu concentración, y de que no serás interrumpido por motivos banales. Aunque para el ejercicio cierres los ojos, evita una luminosidad excesiva, así como ruidos molestos por su intensidad o su reiteración. Procura que tu cuerpo esté instalado en un sillón o diván confortable, y que se adapte bien a la postura que has escogido.

Desplegando el abanico

Algunos expertos llaman «abanico» al tiempo en el que podemos concentrarnos en determinado asunto, sin ser distraídos por otros pensamientos. Desde luego cuando más amplio sea ese abanico, mejores resultados obtendremos de nuestra tarea. El tiempo normal de concentración exclusiva en un tema ronda alrededor de una hora, aunque hay personas que pueden permanecer absolutamente concentradas durante más de tres horas, y otras que se distraen a los pocos minutos. Cabe decir que la concentración prolongada no siempre es una ventaja, ya que ciertas profesiones y actividades exigen saltar de un tema a otro o atender a varias cosas a la vez, en lo que podríamos llamar «pluriconcentración».

Al proponerte aumentar tu capacidad de concentración, debes tener en cuenta que tareas diferentes necesitan distintos lapsos de tiempo, y que no podrás desplegar el abanico hasta el infinito. No se trata sólo de hasta cuándo puedes ampliarlo, sino también de la eficacia que obtienes de cada minuto de esa concentración.

La Universidad de Cambridge, en Inglaterra, tiene un servicio de ayuda a los alumnos para mejorar su rendimiento. En fecha reciente ese servicio elaboró un plan para ampliar y optimizar el tiempo de concentración; en otras palabras, desplegar más el abanico. Seas o no estudiante, puedes sacar también provecho de esos consejos para concentrarte mejor en tus visualizaciones y pensamientos positivos.

Comencemos por la introducción: «Las principales barreras de la concentración son la pereza, la ansiedad y la ensoñación —dice el documento—. Por tanto, para mejorar nuestra capacidad de concentrarnos debemos luchar contra esas barreras. Las cuatro habilidades siguientes son básicas en esa lucha, y se debe comenzar por practicarlas. A partir de ellas daremos luego otras estrategias que te llevarán a concentrarte más y mejor».

• ¡STOP! •

Es un recurso sencillo, pero muy efectivo. Cuando adviertas que tus pensa mientos comienzan a divagar, ordénate a ti mismo *¡Stop!* Y retorna tu atención adonde estaba centrada. Cada vez que ocurra, repite la orden. Al principio tus *¡Stop!* serán muy seguidos, pero poco a poco los pensamientos negativos irán espaciándose. No intentes luchar contra ellos; los pensamientos adversos atraen como un magneto, y puedes quedar absorbido por esa lucha. Sólo dile: *¡Stop!*, a tu mente, déjala un instante en blanco, y vuelve a lo que te interesa.

• ATENCIÓN •

Se trata de mantener la concentración. Este tipo de atención puede compararse con un túnel o un catalejo que apuntara directamente a lo que te interesa, dejando fuera todo lo demás. Si asistes a una conferencia, pon al disertante en el otro extremo del túnel, y no lo pierdas. No importa que alguien se mueva, tosa, se ría, ni que alguien entre o salga de la sala. Puedes también hacer prácticas cuando participas en una reunión, ves la televisión o asistas a un evento deportivo. Tu catalejo debe enfocar siempre al que tiene la palabra o se pone en acción.

• PREOCUPACIONES •

Evita practicar la concentración en los momentos del día en que sabes que estarás preocupado. Por ejemplo, cuando esperas la visita de un amigo, o antes de que emitan tu programa favorito por televisión. Tu mente estará pendiente de esos acontecimientos próximos, y le costará concentrarse totalmente en otro tema. Busca un lapso de tiempo sin esa clase de preocupaciones, y practica tu concentración con tranquilidad y sin prisas.

• COMPRENSIÓN ACTIVA •

Cada uno de nosotros tiene una forma particular de abordar y dominar un tema, o sea de comprenderlo. Algunos leen el contenido y luego se hacen preguntas a sí mismos; otros prefieren tomar notas y hacer resúmenes o gráficos por escrito; y hay también quienes lo asocian con temas ya sabidos o lo retienen con imágenes visuales. Es importante que definas cuál es la forma de comprensión más eficaz para ti, y que dispongas del material y la sistemática adecuada para obtener un rendimiento óptimo.

Quien no tiene serenidad interior, no tendrá concentración. ·

Bhagavad Gita

En principio, para practicar la concentración sólo necesitas un momento de tranquilidad y una mente serena y bien dispuesta. Sin embargo varios guías espirituales aconsejan también emplear, sobre todo cuando eres principiante, algún elemento externo que te ayude a fijar y mantener la atención, llegando a interactuar con él. Por ejemplo el célebre gurú Sri Chinmoy (1931-2007), un reconocido maestro védico hindú que enseñó muchos años en Occidente, recomendaba, entre otros, los siguientes ejercicios con un objeto externo:

• UN PUNTO EN LA PARED •

Antes de comenzar este ejercicio, lávate la cara y los ojos con agua fría y sitúa el asiento donde vas a sentarte (o el sitio exacto, si lo haces en el suelo). Luego marca un punto negro en la pared, a la altura perpendicular a tu mirada, y sitúate a unos 30 cm de distancia. Concéntrate en ese punto mientras respiras profundamente, y procura sentir que el aire que inhalas proviene de él, y que el propio punto respira, tomando el aire de ti. Imagina que hay dos seres, el punto y tú, que intercambian al unísono su respiración. Permanece en ese intercambio un tiempo (unos 10 minutos), hasta sentir que tu espíritu te abandona y se introduce en el punto negro de la pared. Imagina que tu espíritu y tú se intercambian; él te lleva a la dimensión espiritual para la realización, y tú lo atraes a la dimensión terrenal para la manifestación.

Repite este ejercicio cuantas veces sea necesario, hasta lograr que el intercambio de dimensiones te resulte relativamente fácil.

• LA FLOR INTERIOR •

Para este ejercicio necesitas una flor natural (por ejemplo, una rosa), colocada en un vaso o jarrón de cristal. Siéntate frente a la flor con los ojos entrecerrados, y concéntrate en su centro. Poco a poco intenta sentir que tú eres la flor, y al mismo tiempo que ésta es un pimpollo que crece en tu corazón. Escoge entonces uno de los pétalos, concéntrate en él e imagina que es el germen de tu existencia en la realidad. Luego vuelve tu atención a la flor completa, e imagina que es la realidad del Universo. Alterna varias veces tu concentración entre el pétalo y la flor, con serenidad y lentitud, sin permitir que ningún pensamiento ajeno perturbe ese intercambio. Entonces retorna a la flor que crece en tu corazón, cierra los ojos, y procura percibir que esa flor simboliza tu unión con el Universo.

Cuando tu mente comience a iluminarse, te será muy fácil concentrarte por mucho tiempo y muy profundamente.

Sri Chinmoy

• ACCEDE A LA MEDITACIÓN PROFUNDA •

El fin más elevado de la concentración mental es el de acceder a la meditación. Este término proviene del latín *meditatio*, que significa pensar, pero también estudio, preparación. Meditar supone por tanto interrumpir el flujo normal del pensamiento para fijarlo (concentrarlo) en algo determinado. En la vida cotidiana practicamos la meditación en el sentido de reflexionar, cuando analizamos y sopesamos un tema, estimamos sus consecuencias, etc. Es una actitud muy buena y recomendable, que se expresa en la máxima popular «medita bien lo que haces».

Ese tipo de meditación reflexiva tiene un objeto concreto, que puede ser una acción, una decisión o un juicio de valor. Pero no va más allá. Su alcance se limita a considerar la conveniencia o no de algo, y la forma más apropiada de hacerlo si se lleva a cabo. No obstante el mismo recurso mental puede utilizarse con mayor amplitud y hondura en lo que se llama «meditación

profunda», con un sentido más espiritual y metafísico. Al contrario de la meditación reflexiva, esta práctica mental no es analítica, sino que emplea ciertas intuiciones o percepciones mentales para alcanzar otras dimensiones del conocimiento.

El ejercitar la meditación ha sido tradicionalmente una práctica religiosa, que tuvo su origen en varios cultos orientales. Su presencia es fundamental en el hinduismo, particularmente en su versión yoga, y también en el budismo. En Europa existen muestras de actitudes meditativas o contemplativas en figuras druídicas de la cultura celta, así como en los «éxtasis» de los anacoretas y místicos del cristianismo. En tiempos modernos, la meditación de raíz oriental llegó a Occidente a finales del siglo XIX, por medio de la teosofía y la obra de su fundadora, Helena Blavatsky. Aunque la doctrina teosófica alcanzó un notable auge en su época, a mediados del siglo pasado, su actividad se había reducido a grupúsculos escasamente representativos. Fue entonces cuando un nuevo acontecimiento espiritual inundó América y Europa desde la India milenaria.

La meditación trascendental abre la infinita reserva de energía, creatividad, e inteligencia que yace profundamente en el interior de cada persona.

Maharishi Mahesh Yogi

En 1960 llegó a Estados Unidos un maestro de yoga llamado Maharishi Mahesh Yogi, que había alcanzado súbita fama como mentor espiritual de los Beatles y otras figuras rutilantes del rock y el mundo del espectáculo. El gurú hindú introdujo una técnica llamada «meditación trascendental», versión propia de los milenarios ejercicios mentalistas de la tradición oriental, que fue acogida con entusiasmo por los movimientos de la contracultura estadounidense, y se extendió rápidamente al resto de América, Europa, y varios países de Asia y África. En la década siguiente el florecimiento del fenómeno *new age* y la Era de Acuario dio aun más impulso a la doctrina de Maharishi, que se convirtió en un ideario universal que todavía hoy siguen millones de personas.★

Actualmente la meditación trascendental, o TM (Trascendental Meditation) está registrada también como TM (Trade Mark), o sea una marca comercial que es propietaria exclusiva de ese método. La empresa tiene su sede en Fairfield, Iowa, y miles de agencias y franquicias en todo el mundo. La llamada Ciencia de la Inteligencia Creativa, base de la TM, sólo se aprende en los centros autorizados, y sus procedimientos no pueden ser explicados en libros, ni difundidos por cualquier otro medio por personas o entidades ajenas a esa corporación.

Al margen de la exclusividad de la empresa TM sobre su método, son numerosas las instituciones religiosas, médicas, psicoterapéuticas y de ayuda social que utilizan la meditación profunda con resultados favorables comprobados. Entre ellas destacan las que estudian y practican la optimización de las energías mentales para relacionarlas con las del Universo, y en particular con la Ley de la Atracción. Aparte de su función específicamente mentalista, que veremos más adelante, está comprobado que la meditación profunda es beneficiosa para la curación y mejora psíquica y física (si es que se puede seguir separándolas), constituyendo un factor preventivo y curativo de primer orden. Varios estudios han demostrado que algunas técnicas de meditación son beneficiosas para la capacidad intelectual y la memoria, así como para proteger el sistema inmunológico y mejorar la salud en general. Y como un estado saludable aleja las preocupaciones y temores, constituye una excelente ayuda para llenar tu mente de actitudes constructivas y pensamientos positivos, creando una realidad exitosa en tu presente y tu futuro.

Descubre lo que te impulsa hacia adelante y lo que te empuja hacia atrás. Luego escoge el camino que te conducirá a la sabiduría.

Buda

★ *Maharishi Mahesh Yogi dirigió personalmente la imparable expansión de la meditación trascendental, hasta poco antes de su muerte en 2008, a los 91 años de edad.*

Sumergirte en la meditación profunda exige un poco de práctica, empleando unos sencillos ejercicios. Al principio deberás dedicarle un espacio y un tiempo determinados, para facilitar la «inmersión». Pero luego podrás practicarla en cualquier momento y lugar, cuando sientas que lo necesitas y dispongas de un breve paréntesis para ti mismo. Según los maestros, una práctica de 10 a 15 minutos es suficiente para superar las tensiones negativas y obtener algo de paz interior y equilibrio mental.

En nuestras sociedades existe una gran oferta de métodos, cursos y recetas para iniciarse en la meditación profunda bajo la guía de un maestro, o simplemente de un monitor bien entrenado. Si escoges esta opción, te conviene buscar un centro reconocido por una personalidad o asociación de prestigio, que garantice la seriedad de la técnica empleada y sus resultados. Otra posibilidad es que decidas entrenar tu mente por ti mismo, aunque te suponga más tiempo y esfuerzo. En ese caso, podrás seguir los consejos que te ofrecemos a continuación, tomados básicamente del hinduismo y el yoga. En la meditación profunda oriental la postura del practicante es un factor muy importante, al punto que los antiguos maestros han dejado indicaciones muy precisas sobre su disposición. Un ejemplo que puedes adoptar son las siete posiciones corporales del Buda Vairocana, o maestro del *dharma*. Esta palabra sánscrita nombra a la Ley Natural, que según el hinduismo está en el Universo y en el interior de cada uno de nosotros, una notable semejanza con la teoría de la Ley de la Atracción.

Los siete puntos de la Postura Vairocana

Sentarse en posición «flor de loto». Con las piernas flexionadas y recogidas, entrecruzarlas para que cada pie se apoye en el muslo opuesto. Es una figura difícil de conseguir y bastante incómoda, pero fundamental. Al principio se permite adoptar una postura lo más semejante posible, hasta que se pueda mantenerla sin problemas.

✳ Poner la mano derecha sobre la izquierda, con las palmas hacia arriba, a unos cuatro dedos por debajo del ombligo. Alzar un poco los pulgares, con las puntas tocándose entre sí. La mano derecha simboliza el método y la izquierda representa la sabiduría, que se unen en la meditación. Los pulgares simbolizan el resplandor del fuego interior.

* Colocar la espalda recta, pero no tensa. La rectitud dorsal nos ayuda a mantener la mente clara, y a canalizar las sutiles energías que fluyen libremente.

* Mantener los labios y la dentadura en posición normal, pero con la lengua apoyada contra el dorso de los dientes superiores. Esa posición previene el tanto el exceso de salivación como la sequedad de las paredes bucales.

* Inclinar la cabeza hacia adelante, con el mentón algo recogido, así los ojos apuntan naturalmente hacia abajo. Esta postura previene la excitación mental del practicante.

* Los ojos deben mantenerse entrecerrados, en una posición intermedia. Si están totalmente abiertos pueden inducir a la excitación mental, y completamente cerrados a la divagación.

* Nivelar los hombros y apartar ligeramente los codos para facilitar que circule el aire.

Si no puedes o no quieres realizar tus ejercicios de meditación de forma tan ortodoxa y formalizada, existen opciones igualmente válidas y más compatibles con una agenda cargada de actividades y obligaciones cotidianas. A continuación exponemos algunos ejemplos:

• MEDITAR ANDANDO •

Este tipo de meditación viene de la tradición monacal, y todavía los monjes mantienen la costumbre de meditar mientras caminan por el claustro del convento. Márcate un recorrido en un terreno apropiado. Colócate en el punto de salida, haz una lenta inspiración profunda, y mientras dejas salir el aire ve tomando conciencia de tu cuerpo, siéntelo por completo. Entonces comienza a andar, paso a paso. Percibe cómo funcionan tus piernas y otras partes del cuerpo al caminar (caderas, brazos hombros, etc.). No juzgues ni fuerces sus movimientos; sólo toma conciencia de ellos. No dejes que ningún otro pensamiento ocupe tu mente hasta el final de ejercicio, que debe durar entre 10 y 15 minutos.

• MEDITAR COMIENDO •

Aparte de ser un buen entrenamiento mental, este ejercicio te llevará a comer mejor y de forma más sana, y muy probablemente a bajar de peso. Es mejor que lo hagas cuando comes a solas, para que nadie interfiera en tu meditación (comer en silencio es otra regla monacal). Cuando estés sentado a la mesa y con el plato de comida servido, haz una inspiración profunda. Exhala lentamente y luego toma el primer bocado. Toma conciencia de la comida en tu boca, percibe su sabor y la forma en que la masticas; siente cómo pasa por la garganta y desciende por el aparato digestivo. Continúa tomando bocados pequeños, sin prisa, pero sin distraer tu mente de la meditación. Piensa en la textura de la comida, su composición, el origen y sabor de sus ingredientes. Procura tomar conciencia absoluta y completa del alimento que estás ingiriendo. Cuando te sientas satisfecho (no importa que no acabes el plato), haz otra respiración profunda.

• MEDITAR DENTRO DE UNA IMAGEN •

Este ejercicio es un poco más avanzado, y combina la meditación profunda con la visualización y un cierto grado de autohipnosis. Escoge la imagen de una escena que te resulte interesante y atractiva (una fotografía, un cuadro, una lámina, etc.). Colócala frente a ti, a una distancia que te permita apreciarla sin esfuerzo, según su tamaño y nitidez. Cierra los ojos y efectúa lentamente varias respiraciones profundas. Cuando te sientas relajado, abre los ojos y mira la figura. Sencillamente mírala, sin opinar ni abrir juicio sobre ella. Contempla la escena, los detalles, las líneas, los colores, haciendo que tu mente se apodere del conjunto. Vuelve a cerrar los ojos y «visualiza» la imagen en tu mente, imagina que entras en la imagen, que estás de pie en el centro. Intenta verte a ti mismo sentado enfrente, mira a un lado y a otro, pasea, explora. Cuando creas que debes terminar, abre los ojos y ordénate a ti mismo: «¡Despierta!», «¡Vuelve!», o algo semejante.

El misterio del Mantra

Uno de los recursos respiratorios que emplean los practicantes de la meditación profunda es el mantra. Se trata de emitir la exhalación acompañada de un sonido vocal sostenido, que generalmente es OM, AUM, o OUM, ahuecando un poco la voz y dejándolo resonar en la nariz, hasta haber exhalado todo el aire. Repitiendo el mantra varias veces, su resonancia crea vibraciones en el interior y el entorno del practicante.

Hay yoguis que repiten ese cántico varias veces durante el día, buscando crear una reverberación en su interior que los inunda de una misteriosa energía espiritual. Según su doctrina, el mantra representa el sonido oculto de la fuerza del Universo.

Los ejercicios de meditación profunda de origen oriental constituyen un excelente entrenamiento para iniciarse en el mentalismo. Más aun para el propósito de este libro, que exige una energías mentales limpias, positivas e intensas que puedan interactuar con las Leyes del Universo. Desde luego no es imprescindible que consigas una postura «flor de loto» perfecta, ni que cantes mantras durante todo el día, pero sí que utilices las técnicas que hemos explicado para mejorar tu dominio mental. Así podrás afrontar con más facilidad el paso siguiente, que trata de la visualización.

La visualización crea la realidad

Los notables avances de la ciencia actual han dado la vuelta a la antigua máxima que rezaba «ver para creer». Hoy sabemos que es nuestra mente la que crea la realidad con nuestros pensamientos y no al contrario, como se pensaba hasta hace poco tiempo. Numerosos investigadores en diversas partes del mundo coinciden en sostener, con argumentos consistentes, que los pensamientos tienen una verdadera realidad física, y que realmente motivan que ocurran cosas en el mundo real. Por ejemplo, La física cuántica ha comprobado que las partículas subatómicas sólo se manifiestan físicamente si hay un observador presente. Es decir, el observador piensa en lo que espera ver, imagina las partículas subatómicas, y entonces éstas se materializan en el acelerador lineal de partículas.

Lo que imaginas es lo que obtienes, sin importar si eres consciente o no de ello.

Jill Ammon-Wexler

La doctora Ammon-Wexler, asesora ejecutiva de un Proyecto de Reprogramación Mental, destaca los últimos hallazgos de la biomedicina en el estudio de la función del pensamiento. Ella misma desarrolló una experimentación con electroencefalogramas (EEG) que reveló la manifestación física de los pensamientos y cómo éstos pueden influir en la realidad material. Investigaciones más recientes han conseguido imágenes en tiempo real del cerebro, en el momento en que produce nuevas conexiones neuronales en respuesta a un pensamiento. «Nuestros ojos son realmente una extensión directa de nuestro cerebro —explica la neuróloga—. El nervio óptico los conecta directamente con el cerebro visual. Por esa razón la visión es una poderosa herramienta para programar nuestra mente». En consecuencia, Ammon-Wexler promueve lo que denomina Programación Visual Activa de la Mente, basada en escoger sucesos o situaciones positivas que recordamos del pasado o imaginamos del futuro, y visualizarlas una y otra vez, como dándole al botón de replay. «Este proceso puede aplicarse a cualquier circunstancia, desde hacer una llamada de negocios exitosa, hasta conseguir un gran perfomance en un evento deportivo —concluye—. Y cuanto más utilices imágenes visuales positivas, más exitosos serán los resultados.»

Alguien ha dicho que la visualización es un ensueño dirigido. La definición es acertada, en tanto la ensoñación es un divagar de imágenes oníricas que desfilan por la mente despierta, aunque apartada de la realidad circundante. Para los maestros orientales y occidentales del mentalismo, la visualización es un estado semejante, en el que el sujeto crea sus propias imágenes con un fin determinado. Es decir, adopta un estado de ensueño pero dirige el proceso imaginativo, ya sea para relajarse, para afirmarse, o con otro propósito. En nuestro caso, el dominio de la visualización nos servirá para definir lo que queremos conseguir, y pedírselo humildemente a la Ley de la Atracción.

Prefiero la imaginación al conocimiento. Éste nos dice lo que ya sabemos y comprendemos. La imaginación nos habla de lo que nos falta conocer y crear.

Albert Einstein

La visualización se basa en un fenómeno psicofísico que se denomina «imagen mental». Esto ocurre cuando percibimos un objeto, escena o acontecimiento, que en ese momento no está presente ante nuestra vista. Puede tratarse de una imagen del pasado, de una premonición del futuro, o simplemente de figuras o situaciones inventadas, sin sentido aparente, que suelen ser las más frecuentes en lo que popularmente llamamos «dejar correr la imaginación».

Por cierto la ciencia no ha pasado de largo frente a este fenómeno, y desde hace tiempo procura conocer su naturaleza, los mecanismos que lo hacen posible, y su función, si es que tiene alguna. Su semejanza con los sueños ha llevado a pensar que, al igual que éstos, son residuos de imágenes que hemos visto realmente durante el día, o representaciones simbólicas de nuestros deseos, preocupaciones o temores, como sostiene el psicoanálisis. El carácter individual y subjetivo de la imagen mental complica bastante las posibilidades de estudio, ya que nadie sino el propio sujeto es capaz de verlas, o mejor dicho de percibirlas. La psicología, la medicina, la ciencia cognitiva, la filosofía y últimamente la neurociencia, investigan, teorizan y discuten en torno al verdadero sentido de la imagen mental. En general se ha llegado a aceptar que las ideas se manifiestan como visualizaciones, pero existe una fuerte controversia sobre si son o no auténticas representaciones mentales, que cumplen un rol fundamental en el pensamiento y la memoria.

En la tradición mentalista se ha tomado otro camino para definir y utilizar las visualizaciones. Para nosotros constituyen un elemento metafísico, quizá el más trascendente que puede utilizar la mente humana. La referencia a ese poder se encuentra ya en el Ojo de Horus de los cultos egipcios o en el Tercer Ojo de los lamas tibetanos, entre otras fuentes místicas milenarias. La modernización del pensamiento espiritual y de la ciencia nos permitió conocer el poder creador y rector de las energías del Universo, sintetizadas en la Ley de la Atracción. Como sabemos, nuestras visualizaciones emiten vibraciones positivas que esa sublime ley materializa. Es decir, las hace realidad tangible en nuestra existencia terrestre.

Las visualizaciones llegan nuestra mente desde el archivo de imágenes del subconsciente, o inducidas por algún elemento externo. Cuando lees una novela, por ejemplo, involuntariamente imaginas las escenas y personajes que conforman el relato escrito. Lo mismo ocurre en muchas otras circunstancias, como cuando alguien te cuenta algo, lees una noticia en el periódico, o escuchas la radio. No te planteas «voy a visualizar» el rostro de Ana Karenina o el terremoto que acaba de ocurrir en China. Esas imágenes aparecen en tu mente de forma espontánea, sin que tú las hayas llamado. Pero también es posible, con cierta ejercitación mental, visualizar voluntariamente lo que queremos que ocurra en nuestras vidas. Por eso es fundamental que aprendas a diseñar y orientar visualizaciones claras y potentes, como instrumento básico para acceder a la dimensión cósmica.

• EJERCICIOS DE VISUALIZACIÓN •

Como en toda tarea que implique a las energías mentales, lo primero que debes hacer es encontrar un lugar adecuado. Lo ideal es poder ejercitarte en

medio de la naturaleza. Si te es posible y el clima lo permite, busca un bosquecillo o un prado cercano, un parque o una plaza solitaria. Desde luego también puedes hacerlo en tu habitación o cualquier otra estancia apropiada. Estés al aire libre o bajo techo, colócate en una postura confortable, por ejemplo semejante a la «flor de loto». Procura ir liberando tu mente de preocupaciones y pensamientos desagradables o banales. Luego efectúa los ejercicios previos que ya conoces: respiración-relajación-concentración, hasta entrar en una meditación profunda. Ahora cierra los ojos y procura traer a ese estado mental las imágenes que voluntariamente quieres ver en tu mente.

Al comienzo conviene que te propongas visualizar una sola figura o tema, tratando de obtener una imagen lo más «real» que te sea posible. He aquí una lista tentativa, que puedes variar o aumentar según tus preferencias:

* Un rostro familiar
* Una flor que te guste
* La lámpara de tu cuarto
* Tu plato preferido
* Los zapatos que llevas puestos
* Tus manos
* El portal de tu casa
* Tu mesa o puesto de trabajo
* La sonrisa o la mirada de tu pareja
* Un juguete de tu infancia

Estas visualizaciones son básicamente imágenes visuales, pero también debes ir incluyendo los otros sentidos:

El oído:
* El golpear de la lluvia
* La voz de un amigo
* Un coche que pasa
* La risa de un niño
* La sirena de una ambulancia

El tacto:
* Tu mano en el agua
* Un papel de lija
* Una caricia de tu pareja
* El pinchazo de una aguja
* Una tela de seda

El olfato:
* La hierba mojada
* Tu colonia favorita
* El agua estancada
* El aroma de una flor
* Un pescado podrido

El gusto:
* Tu dulce preferido
* Zumo de limón
* Un sorbo de vino
* Un pimiento picante
* Una pasta salada

(Aunque en estos ejercicios sensoriales aparezcan imágenes visuales, debes atender a optimizar la percepción del sentido que estás ejercitando, aunque su visualización sea imperfecta.)

Una vez que has ensayado lo suficiente estas visualizaciones básicas, puedes empezar a combinar dos o más sentidos. Por ejemplo, al visualizar tu plato favorito, percibir también su aroma y su sabor. Luego avanza hacia el paso siguiente, con ejercicios de imágenes simples, pero que te involucran más personalmente. En ellos trabajarás por primera vez en tu trascendencia hacia otra dimensión, fundiendo tu yo interior con lo que estás visualizando. Te ofrecemos dos ejemplos muy empleados en los entrenamientos mentales:

• EJERCICIO DE LA LLAMA •

Imagina que enciendes un fuego y te concentras en la observación de una de las llamas. Mira cómo ondula en el aire, cómo se agita ante un soplo de brisa, estudia el juego de sus colores: amarillo, naranja, un toque de azul o de rojo... Acerca la mano para sentir su calor, percibe cómo arde intensamente, cómo resiste si soplas para intentar apagarla. Luego trata de entrar mentalmente en ella, formar parte de su fuego, «ser» la llama que arde.

La idea de acercarse a una llama y entrar en ella produce un rechazo físico instintivo. La función esencial de este ejercicio es vencer la resistencia a salir de nosotros mismos, de nuestra rutina, para entrar en otras dimensiones de la mente. Debes aprender a dar ese salto sin miedo y convertirte en fuego, no en leño.

• EJERCICIO DE LA ROSA •

Imagina la rosaleda de un parque o un jardín. Cuando la hayas visualizado bien, ve acercándote en un lento «zoom» a uno de los rosales. Mira sus raíces que surgen de la tierra, sube por el tronco sinuoso y las ramas, con sus hojas y sus espinas. Al llegar a lo alto ves un capullo todavía cerrado. Acércate y estúdialo con detenimiento. Mientras lo haces sus hojas se separan, se doblan hacia afuera y dejan ver el pimpollo, aún recogido sobre sí mismo. los pétalos tiemblan levemente, se abren, expanden la hermosa flor...

Entonces comienzas a sentir que algo florece también en tu interior, muy profundamente, y se abre al igual que la flor. Tú eres la rosa, y creces como ella, en toda tu plenitud.

El ejercicio de germinar y florecer se utiliza en la formación de los monjes, en experiencias de regresión, y en algunas escuelas de actores, incluso utilizando todo el cuerpo. Su sentido es experimentar un proceso de renacimiento, de transfiguración hacia un ser más hermoso y más perfecto.

Ten en cuenta que al final tu visualización ha de ser lo más perfecta y completa posible, con todos los elementos que tendría una escena real. Para conseguirlo deberás pasar a ejercicios más complejos, en los que visualices una pequeña historia o el desarrollo de una situación. Te ofrecemos a seguir unos posibles «guiones» que suelen utilizar los guías y monitores de visualización. Puedes variarlos y aderezarlos a tu antojo, o emplearlos como modelo para tus propios guiones. Cuando tengas un texto definitivo, puedes grabarlo y escucharlo mientras realizas el ejercicio, como si tu voz fuera la de un «relator» que acompaña lo que visualizas. El paso siguiente es conseguir la visualización prescindiendo de esa ayuda.

• EJERCICIO DEL FARO •

Imagina que una noche estás pilotando una pequeña embarcación en medio del mar, y de pronto estalla una tormenta. Oye los truenos, percibe los nubarrones, las olas que rugen e invaden la cubierta, los bamboleos y saltos de la barca en medio de la oscuridad. Siente el esfuerzo por dominar el timón, la fatiga de tus músculos, el agua que te empapa, el miedo que se está apoderando de tu ánimo...

De pronto ves una luz que parpadea a los lejos. ¡Es un faro! Su rayo te ilumina, te marca el camino, parece llamarte. Pones rumbo hacia esa luminosidad maravillosa y potente con un sentimiento de intensa gratitud y alegría. Navegas ahora por su haz resplandeciente, te integras en él, compartes su esplendor y su poder.

El faro es tradicionalmente un símbolo de salvación, de guía de los extraviados. En este caso cumple perfectamente ese rol simbólico, y la práctica de la visualización puede ayudarte a superar tu desorientación interior y a dominar los golpes de la adversidad externa. Es probable que te proporcione asimismo una nueva línea de energía psíquica, que amplíe el abanico de tus vibraciones.

• EJERCICIO DE LA MARIPOSA •

Imagina una oruga que repta lentamente por el tronco de un árbol. Finalmente se instala en una de las ramas y comienza a formar su capullo. Visualiza los delgados hilos sedosos que la van envolviendo, hasta quedar totalmente oculta. Observa el capullo cerrado unos momentos, y siente que penetras en él. Tú eres ahora la oruga, la crisálida en medio de la oscuridad y el silencio. No sabes qué te ocurre, pero percibes en tu quietud que te invade una energía extraña, transformadora... De pronto el capullo se abre, y penetra un radiante rayo de luz. Te sientes fuerte y vital, rompes totalmente el capullo y echas a volar.

Eres una mariposa de alas multicolores, hermosa y libre, con todo el cielo por recorrer. Junto al capullo has dejado atrás tus miedos; tu angustia y tus prejuicios defensivos. Abajo se extienden prados con numerosas flores, date tiempo para visitarlas, reconocerlas, disfrutar de su color y su aroma. Entrégate a tu nueva y luminosa libertad.

La mariposa es una magnífica metáfora de la transformación. Encarna la metamorfosis de lo feo en lo bello, de lo encerrado en lo libre, de lo que se arrastra en lo que vuela. Ese proceso existe en la naturaleza, ocurre realmente, es normal y vital. Visualizarlo y sentirlo en ti mismo te dará conciencia de que tu propio cambio es posible, y será tan extraordinario y maravilloso como el de la oruga que se torna mariposa.

• EJERCICIO DEL MANANTIAL •

Imagina un manantial que cae saltando entre unas rocas. Observa el brillo del agua, las gotas que forma al salpicar contra la piedra, la espuma que se arremolina al recibirla en la superficie del estanque. Percibe su rumor en el silencio, su claridad, su fluidez. Siente que esa fuente que brota de la tierra trae algo misterioso, esencial, una fuerza sutil y purificadora. Toma un poco de agua en tus manos y prueba un sorbo. Degusta su sabor limpio y natural. Mójate con ella los ojos, los labios, la cara...

Ahora imagina que tú eres el manantial, que corres y te renuevas continuamente, que saltas los obstáculos y te precipitas hacia un nuevo destino. Eres claro, eres brillante, eres puro, y nada puede detenerte.

El manantial representa el transcurso constante en la quietud aparente, la magia de lo que corre sin cambiar de sitio. Simboliza también la fuerza que surge de las entrañas de la Tierra para purificar y saciar los espíritus sedientos.

El ejercicio te hará comprender que sólo calmarás tu sed de bienestar y abundancia siendo agua de manantial, transformándote en esa pura energía que lleva en sí la respuesta.

• EJERCICIO DEL MAR AL AMANECER •

Estás en una playa poco antes del amanecer, contemplando el mar oscuro y las últimas estrellas que se van esfumando en el cielo. Siente el silencio, la oscura quietud que te envuelve. Ahora ves una tenue luz rosada que tiñe levemente el horizonte. Su color va cambiando: primero se hace roja, después amarilla. Percibe la brisa del alba, el rebrillar creciente de las olas, la tibieza de los primeros rayos del sol en tu rostro. Ya ves casi la mitad del disco solar, cuyo resplandor marca una franja dorada sobre el mar...

Ves esa franja de luz como un camino, entras al mar, el agua luminosa te acaricia, el sol te llama, nadas hacia él. Sientes que tu cuerpo se sumerge en la vitalidad y la fuerza del astro rey. Su luz ilumina tu mente, la llena de energía. Tú eres también un sol, y tu fuerza de atracción enlaza con las vibraciones del Universo.

La adoración del Sol es el culto más antiguo de la humanidad. Su presencia en el cielo es fuente de vida, y su luz y su calor combaten las tinieblas del mal y el frío de la muerte. Al visualizarlo en una aurora radiante e identificarte con él, obtienes fuerza, seguridad, y confianza en que tus energías mentales conseguirán tu propósito.

Visualizar es verte disfrutando de tus sueños,
como si ya se hubieran realizado.

Ursula Markham

9.

Pídele abundancia al Universo

La llave maestra para que funcione la Ley de la Atracción consiste en definir cómo habrá de cumplirse tu deseo.

Robert Duplessis

*H*a llegado la hora de la verdad. No sólo para ti, sino también para los que creemos y confiamos en la Ley de la Atracción del Universo. Ella puede darte todo lo que anhelas, pero esto no es un juego de azar, ni un conjuro mágico contra el destino. No se trata de que te toque la lotería o te caiga una herencia inesperada, sino de que experimentes una verdadera transfiguración. Si la ley se cumple, todo tu ser se transformará, desde lo más profundo a lo más superficial. Serás próspero y rico, tendrás éxito y nadarás en la abundancia, tal como deseas; pero también serás más sabio, más generoso y más trascendente. Tu mente funciona como una radio un poco especial, que emite y recibe vibraciones de ondas al mismo tiempo, sin alternancia entre una y otra función. O como una cámara de cine que filma y proyecta en el acto cada imagen que capta. Dilo en voz alta, todas las veces que sea necesario:

* Soy una radio que combina recepción con emisión.
* Soy una cámara de cine que filma y proyecta al mismo tiempo.
* Recibo y transmito constantemente energía, electricidad, luz (imágenes), y todo tipo de vibraciones.
* Soy un ser que recibe y experimenta vibraciones en distintas frecuencias.
* Soy un ser creador de vibraciones en distintas frecuencias.

Estas frases pueden parecer reiterativas, y lo son. Porque el objetivo del ejercicio es que tomes conciencia de tu ser trascendente, y de la forma en que tu mente recibe y emite vibraciones creadoras. El segundo paso es reforzar tu fe y tu capacidad en el empleo de la Ley de la Atracción. Debes repetirte varias veces, oral o mentalmente, lo siguiente:

«Puedo ajustar la frecuencia de mis vibraciones personales para unirla a la frecuencia de lo que deseo que ocurra. Lo haré concentrando mi pensamiento en visualizar lo que he decidido que quiero ser, hacer, tener, expresar o experimentar. Luego esas vibraciones serán recibidas por el Universo».

La atracción es la interrelación magnética existente
entre personas o cosas que entran en contacto.

Terryl Nemeth

A partir de esta definición, el investigador Terryl Nemeth describe la Ley de la Atracción como: «una construcción o procedimiento actuando mutuamente entre partículas de materia, entre personas y entre circunstancias, tendiendo a mantenerlas unidas y evitar su separación». Este autor sostiene que la Ley se manifiesta en la mente del ser humano, como medio que utilizamos para alcanzar una compatibilidad con Dios. Su magnetismo se despliega a través de todo el Universo, y según Nemeth lleva en sí la infinita omnipotencia de su Creador. Como ejemplo de esa divinidad de la Ley de la Atracción, transcribe el siguiente relato de la Madre Teresa:

Milagro en Calcuta

«Un día en Calcuta un hombre vino a verme con una receta médica, y me dijo: Mi único hijo se está muriendo; este medicamento puede salvarlo, pero hay que traerlo desde el extranjero». En ese momento, cuando todavía estábamos hablando, pasó a nuestro lado un hombre con una bolsa de medicamentos. Vi en la bolsa el medicamento específico que figuraba en la receta. Si el medicamento hubiera estado más adentro en la bolsa, o el hombre hubiera pasado unos minutos antes o después, no hubiéramos podido salvar la vida del niño. Pero justo en ese momento, entre los millones de niños del mundo, Dios puso su benevolencia en ese chiquillo de los suburbios de Calcuta, enviándole la dosis de medicina que pudo curarlo...»

Madre Teresa de Calcuta

La anécdota, de cuya veracidad no es posible dudar, puede explicarse como una suma algo excesiva de coincidencias, o como una manifestación generosa de la voluntad divina, empleando el magnetismo de la Ley de la Atracción. Esto último es lo que sostiene Nemeth: «Cuando se dan conjuntamente dos o más hechos que coinciden en un fin, en nuestras sociedades occidentales lo llamamos casualidad, cuando en verdad es el resultado de la Ley de la Atracción». Esto significa que la ley actúa continuamente y en todo el Universo, siguiendo su principio de unir todo aquello que emite vibraciones semejantes. Hay una fuerza superior, un «algo» que llamamos voluntad divina, que ha creado el Universo y sus leyes desde una dimensión distinta y superior. Pero esa voluntad omnímoda prefiere no alterar los principios de la ley, sino disponer las cosas para que ésta actúe según sus divinos designios. Por ejemplo, haciendo que el hombre de Calcuta coloque el medicamento salvador en lo alto de la bolsa, y pase junto a la madre Teresa en el momento apropiado. Lo que hizo la Ley de la Atracción fue unir las vibraciones semejantes del propio medicamento con las de su nombre en la receta y en la mente de la Madre Teresa.

Ahora bien, si aceptamos que sólo Dios (o el nombre que queramos darle) tiene potestad para servirse intencionalmente de la Ley de la Atracción, ¿cómo pretendemos nosotros, simples seres humanos, utilizarla para hacer realidad nuestros deseos? En esa pregunta reside la verdadera clave del secreto,

que no es el descubrimiento de la ya conocida Ley de la Atracción, sino de la forma en que podemos servirnos de ella con éxito.

Debemos reemplazar nuestra vieja actitud negativa por pensamientos que nos lleven a ser, hacer y tener todo lo bueno que nos reserva la vida.

James Arthur Ray

El autor de *The Science of Success* llama «nuestra vieja actitud negativa» al esquema mental que nos ha llevado al fracaso, o al menos a la insatisfacción en algunos aspectos de nuestra vida y a la causa de esa frustración que nos produce la falta de éxito pese a nuestros esfuerzos. Afirma J. A. Ray que todos vivimos según un paradigma, una estructura personal formada por nuestras creencias, valores, ideas, expectativas, actitudes, hábitos, opiniones y esquemas de pensamiento. Ese paradigma se va formando desde la infancia, procura conformarse y confirmarse a sí mismo a lo largo de las experiencias de vida, con una fuerte tendencia a poner en lo exterior la responsabilidad sobre lo malo que nos ocurre y lo bueno que nos debería ocurrir. Tal estructura es tan sólida y compacta que no se puede reparar o recambiar por partes, como si fuera un automóvil. Es necesario arrojarla fuera de nuestra mente y reemplazarla por otra actitud vital; algo tan difícil que necesitamos la ayuda de la energía cósmica para conseguirlo.

Supongamos que la síntesis de tu paradigma actual es algo así como: «La vida es muy dura y debo luchar sin descanso para sólo sobrevivir»; y quieres cambiarlo por otro más positivo, del tipo: «Soy muy bueno en mi actividad y todo lo que hago favorecerá mi éxito». Estás preparado para afrontar esa transfiguración, por medio de los consejos y ejercicios psicofísicos que hemos explicado ya en este libro. De momento olvídate del mundo exterior, porque todo ocurrirá dentro de tu mente. Ésta debe estar limpia de pensamientos negativos, y bien ejercitada para emplear al máximo sus capacidades. Debes entonces guiar tus pensamientos hacia la definición de lo que deseas, para hacer posible que la Ley de la Atracción comience a «trabajar» para ti.

El proceso de obtener lo que deseas consta de dos pasos básicos: pedir y recibir. Parece muy sencillo, ¿verdad? Sin embargo no lo es tanto, porque cada uno de esos pasos exige una preparación especial, una actitud apropiada de tu mente para ambas situaciones.

La llave maestra para que funcione la Ley de la Atracción consiste en definir cómo habrá de cumplirse tu deseo.

Robert Duplessis

El experto canadiense Robert Duplessis, creador de programas de autoayuda y crecimiento personal, otorga una capital importancia a la definición exacta de aquello que deseamos obtener. Sostiene que los anhelos demasiado generales como: «Quiero ser muy rico», «Mi ambición es nadar en la abundancia» o «Deseo prosperar toda mi vida», no siempre suelen dar resultado o demoran una eternidad en cumplirse, a menudo sólo parcialmente. La Ley de la Atracción del Universo no es papá Noel. Es un fenómeno cósmico tan perfecto como neutro, que se cumple para bien o para mal cuando se dan unas condiciones objetivas. Esa Ley no puede ponerse a pensar en cómo te harás rico, qué consideras nadar en la abundancia, o qué clase de prosperidad infinita esperas. Tienes que emitir un mensaje mucho más claro, para que ella pueda replicarlo.

En sus cursos Duplessis utiliza un decálogo básico, que puede serte muy útil para elaborar claramente tu deseo:

* Apunta en un papel tu deseo personal, lo que quieres que te ocurra para cambiar tu vida.
* Debajo escribe la forma en que ese deseo puede cumplirse en tu realidad concreta y actual.
* Si crees que el cumplimiento exige varios pasos, anótalos a todos en una lista.
* Guarda ese apunte y olvídate de él durante unas 24 horas.
* Transcurrido ese tiempo, ya no te ocupes del deseo general, sino de la forma en que debe cumplirse. Trabaja sobre ella mentalmente, hasta definir una imagen que se pueda visualizar clara y concisa. Descríbela por escrito.
* Si el cumplimiento exige varios pasos, establece una visualización apropiada para cada uno de ellos, y ensaya las respectivas imágenes mentales.

* Hagas lo que hagas en tu vida diaria, procura mantener esa visualización todo el tiempo posible, aunque sea en un segundo plano. Si te ves obligado a interrumpirla, recupérala en cuanto puedas.
* En determinado momento «sentirás» que las vibraciones que transportan tu mensaje han contactado con las de la Ley de la Atracción. Esto suele ocurrir entre los tres y los cinco días de visualización.
* Da por terminado tu pedido, y espera con fe y paciencia la respuesta del Universo.
* Si el cumplimiento tenía varios pasos, debes repetir este proceso para cada uno, cuando se haya cumplido el anterior.

Veamos ahora un ejemplo del programa que propone Robert Duplessis. Vamos a suponer que tienes un cargo ejecutivo intermedio, y que deseas llegar a la cima. El salto es demasiado grande para que la dirección decida otorgártelo, sólo porque tú lo has pedido así, a palo seco, a la Ley de la Atracción: «Quiero llegar a la cima». No funcionaría, y será necesario que dividas tu cumplimiento en varios pasos. El primero podría ser una visualización en la que te ves en tu puesto de trabajo realizando algo muy meritorio. En el segundo la dirección reconoce ese mérito, te felicita y te otorga un ascenso (visualízate recibiendo alabanzas, ocupando tu nuevo despacho, dando órdenes a tu secretaria y tus subordinados, empleando la tarjeta de crédito de la empresa, viajando en avión a un congreso en el extranjero, etc.). El tercer paso puede referirse a un golpe de suerte: uno de los directivos se marcha a otra compañía, y el consejo decide que tú ocupes su lugar. Ya estás prácticamente en la cima, dirigiendo un sector o una división importante y participando en las decisiones estratégicas (imagínate impresionando a los otros directivos, hablando con altas autoridades, imponiendo hábilmente tu criterio, y también —¿por qué no?— conduciendo coche de lujo, matriculando a tus hijos en colegios de prestigio, alojándote en hoteles exclusivos para visitar los lugares del mundo que siempre habías querido conocer. De ti depende (o del cargo intermedio imaginario que nos sirve de ejemplo) que haya todavía un último paso hacia la cúspide de la cima. Para eso dispones de la Ley de la Atracción del Universo.

Hay quien entiende esa relación con la Ley de la Atracción como una actitud de constante vigilancia y control. Vigila cada pensamiento que surge en su mente y cada sentimiento que nace en tu corazón; cada palabra propia o ajena que se pronuncia; cada gesto; sopesando si puede impulsar o retrasar el ansiado logro de sus ambiciones. Repite su visualización a cada momento del día, como un proyector automático, y por la noche se desvela repasando su jornada, para buscar alguna señal del Universo sobre su proceso. Cree que así cumple a rajatabla las condiciones de la ley y acelera su respuesta, cuando en realidad corre el riesgo de que ésta acabe por no llegar nunca.

Nada hay más contraproducente para la Ley de la Atracción que aguardar sus efectos con nerviosismo y ansiedad. La obsesión por alcanzar algo produce su retraso e incluso su rechazo, porque toda cosa crea su contrario. La rapidez sólo existe frente a la lentitud, la certeza frente a la duda, y el anhelo frente al desinterés. Si la ley recibe ese otro mensaje subliminal, lo entenderá como un pensamiento negativo y actuará en consecuencia. Recordemos la máxima universal recuperada por Napoleón Hill: «Todo pensamiento crea una realidad».

Parte del éxito al aplicar la Ley de la Atracción
es permanecer relajado y no aferrarte a tu deseo.
Beth y Lee McCain

Los McCain son una pareja dedicada a la enseñanza y práctica de la Ley de la Atracción, que hacen hincapié en el hecho de tratarla con naturalidad. Es decir, confiando serenamente en ella y esperando sus efectos sin alterar nuestra vida cotidiana. «Tu deseo es fundamental al relacionarte con la Ley de la Atracción —afirman—. Pero cuando ese deseo se convierte en tu único interés, cuando ocupa toda tu vida, lo has convertido en una obsesión.» En esa obsesión patológica intentas controlar y dirigir al Universo, transgrediendo claramente los límites de tu relación con él. La Ley de la Atracción puede responder a tus deseos, pero no lo hará si estás tan obsesionado por alcanzarlos ya que produces una fuerte resistencia.

Cuando hayas visualizado con claridad lo que quieres, envía esa imagen al Universo y déjala ir, para que la ley pueda responder a ella a su tiempo y manera. No pretendas forzar nada, no intentes controlar el efecto de cada pequeño pensamiento o imagen que te cruza por la mente, no reprimas tus emociones normales. Por el contrario, sigue con tu vida cotidiana, disfruta de ella, y si un día te olvidas de visualizar tu pedido a la Ley de la Atracción, tampoco pasa nada; ya lo harás al día siguiente. Para que ella pueda cumplir su tarea, es más importante la serenidad que la insistencia.

Debes asegurarte de que cada pensamiento positivo es realmente tuyo, y que su elemento central es aquello que deseas tener en abundancia.

Mohamed Latiff

La especialidad del maestro Mohamed Latiff es el desarrollo de técnicas para optimizar la atracción del éxito y la abundancia, a partir de las leyes del Universo. Explica que la Ley de la Atracción no te convierte en un brujo que puede conjurar cualquier cosa y hacerla aparecer al instante ante sus ojos. Por el contrario, su primer consejo se refiere a tu actitud ante la obtención de resultados. «Cuando pienses en algo que quieres que se manifieste, no debes esperar que se materialice ante ti —advierte—. Mantén la fe y la confianza absoluta en que ese pensamiento se hará realidad.» Si tu mente duda o desconfía de la respuesta cósmica, ese pensamiento receloso también puede hacerse realidad, retrasando o incluso anulando la materialización de tu deseo.

Una vez que has definido el pensamiento apropiado, puedes hacerte las siguientes preguntas:

* ¿Cómo puedo crear la imagen de lo que quiero que se manifieste, con la más positiva certeza?
* ¿Cómo puedo mantener esa imagen en mi mente, con una fe inquebrantable en que se está haciendo realidad para mí?
* ¿Por qué es importante que consiga responder a las preguntas anteriores?

* Para optimizar y acelerar la respuesta de la Ley de la Atracción, es conveniente que complementes tu pensamiento en esa imagen positiva con unas determinadas acciones. El Universo te otorgará lo que has pedido, pero son esas acciones las que te permitirán recibir lo que has pedido. Las acciones que realices para recibir lo que esperas deben ser siempre en momento presente, mientras mantienes la imagen positiva en tu mente. No valdrá lo que hayas hecho antes, ni que lo que pienses hacer después. No pienses tampoco en los errores que hayas cometido ayer, o en los que puedas cometer mañana. ¡Quédate en el presente y actúa en él!

* Por ejemplo, si deseas ganar mucho dinero en la Bolsa, será imprescindible que hagas una nueva compra de acciones. Entonces la Ley de la Atracción hará que multipliquen su valor de compra. Lo mismo debes hacer con un sustancioso contrato, un negocio fabuloso o, desde luego, con un billete de lotería. Si después las acciones tardan en subir, el negocio en dar beneficios o el premio en salir, no pierdas la fe porque la Ley siempre se cumple. A no ser que te falte precisamente esa fe, o hayas cometido un error. En ambos casos puedes intentarlo de nuevo, poniendo más confianza y corrigiendo lo que haya que corregir.

* Para que tus acciones complementarias sean más efectivas, Latiff propone que te hagas estas nuevas preguntas:

* ¿Cuáles son las acciones más necesarias y productivas que puedo hacer para tener lo que quiero?

* ¿Qué acciones puedo hacer para recibir lo que deseo en el lugar más adecuado y las mejores condiciones?

* ¿Cómo puedo asegurarme de actuar ahora, y no en el pasado o el futuro?

* ¿Cómo evito pensar en lo mal que lo he hecho antes y en cómo podría hacerlo mañana?

* ¿Cómo puedo comprometerme conmigo mismo sobre las tareas y acciones que debo hacer hoy?

* ¿Qué pasos debo dar respecto a las personas y circunstancias de mi entorno?

Un beneficio adicional cuando trabajas con la Ley de la Atracción, es poner en acción los planes parta obtener tus objetivos.

Susan K. Minarik

Al hacer esta afirmación, la asesora personal Susan K. Minarik, autora del libro *Ganando el juego del futuro*, coincide con el maestro Latiff en que no basta con hacer un pedido a la Ley de la Atracción y sentarse a esperar su respuesta. Es también necesaria una actividad dirigida, una serie de acciones que Minarik identifica con el método de marcarse objetivos (en inglés, *Goal-setting*), que se emplea tanto para gestionar una empresa como para planificar la vida personal. Consiste en definir con precisión el fin que se quiere alcanzar, los pasos que hay que dar, y las acciones o estrategias necesarias. «Si has abandonado un plan de goal-setting en favor del uso de la Ley de la Atracción —dice Minarik—, puedes haber perdido ciertos recursos de esa ley y desperdiciado una poderosa herramienta de atracción». Agrega que si comprendemos lo bien que se complementan entre sí ambos sistemas, podemos emplearlos en tándem para mejorar y amplificar los resultados.

Los dos sistemas se basan en la concepción del Universo como la fuente de infinitas posibilidades. Comparten asimismo la idea de que la abundancia que podamos disfrutar en nuestra vida, depende de dos factores: la fuerza energética con que podamos concentrarnos en lo que queremos; y lo preparados que estemos para recibir la manifestación de nuestros deseos. Ambos parten también de que el pensamiento crea la materia de que están hechas todas las cosas, incluyendo al propio sujeto pensante. La diferencia entre ambos sistemas es sólo superficial, sostiene la autora; los partidarios de la Ley de la Atracción ponen énfasis en el «Universo» como la fuerza activa que produce las cosas, los partidarios del goal-setting colocan esa responsabilidad en ellos mismos. Pero los primeros saben que para obtener buenos resultados deben tener sus objetivos muy claros y prever ciertos actos; así como los otros esperan que una fuerza superior los ayude a culminar sus esfuerzos.

En resumen, tanto Nemeth, Latiff, Minarik y otros muchos expertos, hacen hincapié en el papel que debes jugar tú mismo en tu relación con la Ley de la Atracción. El Universo tiene una potencia inmensa, pero no una mente humana. Como dice el experto ya citado Daniel Sévigny, la Ley de la Atracción no piensa, no reflexiona, ni analiza. Para ella no existe el tiempo, ni la distancia, ni las medidas, ni el dinero. Sólo responde a la imagen visualizada que le envías, y eres tú el que debe actuar para que esa respuesta funcione correctamente. Sévigny recomienda que te atengas a los siguientes principios:

• TENER PRECISIÓN •

Sévigny coincide con otros autores ya citados en resaltar la importancia de la precisión de tu mensaje. Si dices simplemente: «Quiero alcanzar el éxito» o «Deseo vivir en la abundancia», no estarás formulando correctamente tu pedido. Recuerda que el Universo no reflexiona ni opina; es pura energía cuyas vibraciones responden a vibraciones de la misma frecuencia, replicándolas tal cual las recibe. Si tu mensaje es impreciso o ambiguo, obtendrás también una respuesta ambigua.

Para que tu deseo se cumpla es imperativo que seas claro y conciso. La precisión de tu pedido marcará la amplitud de lo que obtengas. Cuanto más preciso sea el mensaje, más sorprendente será la respuesta. Debes evitar tanto dar una idea demasiado general que no concrete el pedido, como las palabras sin sentido o innecesarias que hagan confuso tu mensaje.

• MOSTRAR SERENIDAD •

El equilibrio y la armonía son leyes esenciales del Universo. Por eso cuando le formulas tu pedido es esencial que lo hagas con serenidad, sin ningún rasgo de enfado o agresión. El estado natural del intercambio cósmico de vibraciones es la suavidad, la calma que permite emitir y recibir cada mensaje sin perturbaciones ni interrupciones. Al igual que en la radio o la televisión, las ondas deben poder circular sin interferencias para ser percibidas con claridad.

Puedes usar tu experiencia con la respiración profunda y relajación psicofísica, para alcanzar y mantener un talante tranquilo en el transcurso de tu vida cotidiana, y especialmente en los momentos de tensión, irritabilidad, o angustia. Eso no sólo te preparará para enviar un mensaje óptimo a la Ley de la Atracción, sino que te ayudará a sentir y actuar con serenidad, mejorando tu actitud frente al mundo que te rodea.

• SER RESPETUOSO •

El Universo y todo lo que existe es energía. La tierra, las piedras, el agua, todo lo que llamamos material, es energía en movimiento; partículas, átomos y moléculas que vibran en diferentes frecuencias. Por tanto debemos respetar y cuidar esa energía cósmica a la que queremos enviar un pedido muy importante. Y hacerlo en cada una de sus manifestaciones. Por ejemplo, cuando gastas más agua de la que necesitas, dejas encendidas luces innecesarias, abusas de la potencia de los electrodomésticos, o fuerzas la *reprise* del coche o la moto, entre otros excesos y desperdicios de energía. Con éstos no sólo perjudicas al medio ambiente y colaboras a la elevación de los precios energéticos, sino que faltas el respeto al Universo.

Cada uno de nosotros, que somos también energía en movimiento, dispone de una cuota de energía cósmica razonable para nuestra vida personal, laboral y social. Si excedemos esa cuota, contraemos una deuda con el Universo, que en algún momento nos pasará factura. Una gripe que dura demasiado y nos debilita, un tropezón que nos produce un doloroso esguince, o un negocio que sale mal, pueden obedecer a vibraciones de las Leyes del Universo que se cobran así la factura por tu falta de respeto. Y, por supuesto, la Ley de la Atracción no admite morosos entre sus clientes.

• NO OBSESIONARSE •

En principio puedes emitir todos los diferentes pedidos que desees. Éstos pueden referirse a los grandes cambios que deseas en tu vida, o a problemas puntuales que quieres resolver. En cualquier caso no debes transformar el recurso a la Ley de la Atracción en una conducta obsesiva. Es contraproducente enviarle varios mensajes sobre diversos problemillas cotidianos, y peor aún repetir una y otra vez el mismo pedido.

Lo correcto y más eficaz es enviar un solo mensaje cuando se trata de menudencias como librarse de un dolor de cabeza, encontrar donde aparcar el coche, o conseguir entradas para un partido. Repetirlo con insistencia o añadir nuevos pedidos superfluos (por ejemplo, que el coche aparque a menos de

10 metros de tu casa) es abusar de la Ley de la Atracción, aparte de transgredir el próximo principio (tener fe y confianza). Cuando desees elevar un pedido más amplio y profundo, es aconsejable evitar cualquier error o interferencia casual repitiéndolo hasta tres veces, pero en momentos distintos del día.

• TENER FE Y CONFIANZA •

Tu vínculo con la Ley de la Atracción existe desde el momento en que has nacido, y actúa siempre según la intención de tu pensamiento. Repasa un poco tu memoria y encontrarás situaciones, positivas o negativas, producidas por el mismo tipo de pensamientos. Eso puede ayudarte a afirmar tu creencia en el funcionamiento perfecto de la ley, y la confianza en que tus pedidos siempre tendrán la respuesta que les corresponde. Es normal que, en medio de una situación vital muy difícil, tu fe sea rasgada por el destello de una duda. Eso te desestabiliza, y puedes retroceder a las pesadillas del pasado.

Refuerza tu confianza en la Ley de la Atracción concentrándote en afirmaciones positivas («Sabré solucionar este problema», «Voy a cambiar mi vida», «Tengo el poder del Universo», etc.) y desligándote de tu faceta negativa y de sus recuerdos, imágenes y pensamientos. Si has hecho una solicitud al Universo, puedes estar seguro de que responderá. No siempre de la forma que tú esperas, y a veces en el último minuto, pero te responderá. Debes convencerte absolutamente de ello, desechar toda duda, y la Ley de la Atracción te compensará con creces.

• EVITAR LOS COMENTARIOS •

En tanto esperas obtener un éxito, debes aceptar que el Universo pondrá las energías necesarias y suficientes para atender a tu pedido. No necesita por lo tanto que apostilles tu mensaje con advertencias ni comentarios. Nada de notas al margen del tipo: «Sé que es difícil, pero... », «he pensado que... », «si fuera posible... », y menos aún términos como «tal vez», «ojalá», «quizás», «si hay suerte», y otras expresiones que relativicen la eficacia de la Ley de la Atracción o pretendan disculpar de antemano un eventual fallo de su parte.

Eso significaría que piensas que el Universo puede malgastar energías probando a ver si algo le sale bien o no, y Sévigny sostiene que eso provoca una desconexión entre la Ley de la Atracción y tú por un período de siete años (no aclara cómo lo sabe, porque tampoco él lo sabe).

El Universo no fracasa ni comete errores. Si algo falla, eres tú el que se ha equivocado en la forma o contenido del mensaje, o en la manera de enviarlo. Para eso tienes tres oportunidades de emitirlo. Pero sin comentarios, por favor.

• EMPLEAR SIEMPRE EL TIEMPO PRESENTE •

El Universo no conoce el tiempo. O en todo caso, conoce infinitos presentes en infinitas dimensiones del espacio. Por lo tanto en tus mensajes debes utilizar siempre el tiempo presente, a riesgo de no ser comprendido. No puedes utilizar el pasado («Siempre he deseado...») ni el condicional («Me gustaría que...»), porque esas conjugaciones no tienen sentido en el cosmos. La energía del Universo es muy sensible pero también muy rígida, y sólo acepta sus propias leyes. Si atiendes cuidadosamente al tiempo verbal que empleas, obtendrás de él todo lo que deseas. Se trata de escuchar bien lo que piensas y entender bien lo que dices. Pensando y expresándote siempre en presente activas la materia energética, al mismo tiempo que aumentas la fuerza de tus vibraciones sobre la Ley de la Atracción.

Tus pensamientos y tus palabras son la materia prima de tus vibraciones, que en cierta forma dependen del vocabulario que emplees. Por ejemplo deberías prohibirte el verbo «esperar», porque el que espera acepta tanto un resultado favorable como desfavorable, y en este último caso sin mayores consecuencias. Algo semejante ocurre con otros verbos como: «me enredo», «estoy estancado», «eso me confunde», y otros que te atascan en la realidad, te paralizan o te hacen dar vueltas sin comprender por qué. No envíes ese tipo de expresiones al Universo, porque no las entenderá. Sus leyes no incluyen la posibilidad del desconcierto y abominan de la confusión. Evita esa forma de hablar, y elevarás tus energías a un nivel óptimo.

• NO USAR LA NEGACIÓN •

El Universo ignora o rechaza todas las formas de lo negativo, porque su energía es positiva y activa. Nosotros no expresamos la negación sólo con un «No», también son expresiones con carga negativa las siguientes:

Nunca
Jamás
Ningún/a
Nada
Sin
Imposible
Irrealizable
Absurdo/a
Ilusorio

...y otras que pueden serlo según quién las dice y en qué circunstancias.

Un buen ejemplo para entender lo que ocurre cuando la Ley de la Atracción recibe una expresión negativa, puede ser el siguiente: Una persona pronuncia en una reunión la siguiente frase: «Espero que nunca tenga un cáncer», y tres meses después fallece a causa de esa enfermedad. El Universo no reconoció expresiones como «espero» y «nunca», pero sí registró «morir de cáncer», que es lo que devolvió a esa persona. La anécdota es trágica, y su mecanismo no tiene por qué cumplirse siempre, pero su dureza nos ayuda a recordar que no debemos tratar con la Ley de la Atracción usando expresiones negativas.

Una expresión muy común y frecuente, con variantes en diversas lenguas es la de: «No hay problema» o «sin problema». La usamos como una frase hecha, para significar aceptación o informar que todo irá bien. Pero el Universo entiende lo contrario porque sólo registra la palabra «problema», y actúa en consecuencia. La Ley de la Atracción te dará siempre todo lo que te pase por la mente, incluso un cáncer o un problema, si descuidas tu lenguaje. Pero si te expresas correctamente, aumentarás tu posibilidad de obtener de ella el mayor de los éxitos.

¿Sabes realmente lo que quieres?

En una línea de pensamiento semejante, el ya citado James Arthur Ray nos dice que: «La mayor parte de la gente no alcanza lo que quieren en la vida, porque no saben qué es lo que quieren. Pueden tener una idea vaga, pero no pueden explicar(se) con claridad que significa para ellos el auténtico éxito». Y asegura este experto que de cada diez personas a las que ha preguntado qué desean, nueve le han respondido lo que no desean.

El pensamiento creador

Toda actividad humana comienza con un pensamiento. El proceso de atraer y crear en el mundo exterior algo que deseas, ocurre en el interior de ti mismo. Se da en tu mente, se da por tu pensamiento. Puedes apoyarte en datos e imágenes del mundo externo para dar forma a tu deseo, pero el acto creador te pertenece, es mental, es tu pensamiento. Ese pensamiento produce una visualización de lo que quieres, en una frecuencia que atrae vibraciones del Universo. Porque como ser humano perteneces al plano físico universal, pero también a la dimensión no física de la creación.

Piensa y escribe una descripción muy clara de lo que quieres pedirle a la Ley de la Atracción. Aquello que deseas ser, hacer, tener, etc. (en nuestro caso, sería el éxito, la riqueza, la abundancia...) y escríbelo en un papel. La definición de tu deseo es fundamental, y la palabra escrita tiene un antiguo prestigio en asuntos de metafísica y transfiguraciones.

Asume la certeza de que te mueves de manera consciente e intencional en un Universo de infinitas posibilidades, y ajusta las vibraciones de tu deseo a tu frecuencia de emisión. ¿Cómo se hace?, como todo: pensando intensamente en ello.

Recuerda que hay un lapso de tiempo entre creación y manifestación. Una vez que hayas realizado tu pedido deja que ese lapso transcurra, sigue con tus asuntos sin impacientarte, mostrando alegría y una serena expectativa. Tu deseo ya se ha cumplido en la dimensión infinita, y ahora está en el proceso de manifestarse en el mundo físico que llamamos realidad. Si repasas el Evangelio, verás que Jesús nunca pide favores en sus oraciones; simplemente da las gracias, porque sabe que su pedido ya ha sido otorgado.

No esperes la respuesta del Universo como una transformación inmediata y espectacular. En el mundo físico todo requiere su tiempo y su proceso. Para optimizar el rendimiento de un negocio, o alcanzar una posición relevante en algo, hace falta un plan, paciencia y experiencia. Corres con ventaja porque sabes que serás ganador, pero igual tienes que hacer la carrera completa. Ten en cuenta todos los pasos que has debido dar para llegar adonde estás ahora y figúrate un camino semejante, aunque sin retrocesos ni fracasos y con el éxito asegurado. Claro que esto también depende del tiempo y energía que demande hacer realidad tu deseo. Conseguir un empleo decente es mucho más fácil para la Ley de la Atracción que hacerte multimillonario.

Si tu situación es difícil y tu deseo muy ambicioso y complejo, emplea el recurso de dividir tu pedido en varios pasos. Proyecta un primer mensaje para resolver de forma razonable los problemas urgentes, pero sin renunciar al resto de lo que quieres. Eso lo irás pidiendo cuando estés más tranquilo, y tal vez con las cosas más claras.

10.

Los más ricos del mundo

*S*i las Leyes del Universo juegan un papel fundamental en la vida de todos nosotros, su influencia es especialmente notable en el camino de quienes han amasado inmensas fortunas. Quizá la mayoría de ellos no sabe de la existencia de esas leyes, y si lo saben lo han mantenido en secreto. Es posible que muchos obtuvieran vibraciones muy favorables por pura intuición, por mantener abundantes pensamientos positivos y rechazar con firmeza los negativos. Si se les pregunta la razón de su éxito, es frecuente que aludan al azar, al destino, o a sus propios esfuerzos y talentos personales. Tanto los golpes de suerte como los méritos individuales, son en realidad otros tantos instrumentos de la Ley de Atracción y las Siete Leyes que la sustentan, para responder a nuestros deseos.

Todos los años la revista *Forbes* elabora y publica su famosa lista de las personas más ricas del mundo. En ella han figurado los grandes multimillonarios estadounidenses como Getty, Rockefeller o Gates, junto a emprendedores muy poco conocidos de Europa y Asia. No todos han amasado sus increíbles fortunas en el mundo de las finanzas o del Petróleo. Algunos multiplicaron las ganancias de un negocio familiar, otros comenzaron simplemente de la nada, o de muy poco.

Según el prestigioso registro de *Forbes*, hay en el mundo 1.125 personas de 54 países que a día de hoy poseen un capital de más de 1.000 millones de dólares. No podemos enumerar y describir a ese millar de multimillonarios, pero sí conocer un poco mejor a los diez que en el 2008 encabezan la lista. Quizá te sirva para saber qué y cómo se hace para ganar mucho dinero, con ejemplos reales, actuales, y asombrosamente exitosos. Sin duda a partir de estos modelos podrás optimizar aun más el pedido que envíes a la Ley de Atracción.

Los 10 primeros Lista de Forbes 2008

(El capital se expresa en millones de dólares)

1. Warren Buffett (Estados unidos): 62.000
2. Carlos Slim y Flia. (México): 60.000
3. Bill Gates (Estados Unidos): 58.000 ★
4. Lakshmi Mittal (Reino Unido): 45.000
5. Mukesh Ambani (India): 43.000
6. Anil Ambani (India): 42.000
7. Ingvar Kamprad y Flia. (Suecia): 31.000
8. K.P. Singh (India) 30.000
9. Oleg Deripaska (Rusia) 28.000
10. Karl Albrecht (Alemania): 27.000

1. Warren Buffett: el inversor de largo aliento

El gran secreto financiero de Warren Buffett fue no invertir en acciones, sino comprar empresas completas que no tenían com-

---

★ *En septiembre 2008 Bill Gates saltó nuevamente al primer puesto como el hombre más rico de Estados Unidos.*

petencia en su sector de mercado. Esta idea comenzó a germinar en su mente cuando el pequeño Warren ayudaba a su padre en su negocio como agente de bolsa, y sin duda esa precocidad bursátil envió claras vibraciones al Universo sobre su deseo de hacerse rico. Cuando tenía unos 11 años hizo una operación por su cuenta comprando bonos a 38 $ y vendiéndolos poco después a 40 $. Para su desesperación, unos meses más tarde esos mismos bonos alcanzaron la cifra record de 200 $. El joven comprendió que —como dicta la Ley de Atracción— no es bueno apresurarse por obtener beneficios. Traducido al mundo de los negocios: invertir en una empresa confiable durante mucho tiempo.

Mientras estudiaba en la Universidad de Nebraska, Buffett quedó fascinado por las ideas que exponía el economista Benjamin Graham en su libro *The Intelligent Investor* (*El inversor inteligente*), que en cierta forma coincidían con sus intuiciones personales. En 1951 se trasladó a la Escuela de Negocios de la Universidad de Columbia, para hacer un máster con el propio profesor Graham y otros expertos en valores de futuro. Ese tipo de inversión se relaciona con la Ley Universal del Ritmo, que indica que cuando algo llega a un extremo, debe regresar inexorablemente al otro.

Buffett obtuvo el único diploma de honor otorgado por Graham a un alumno del máster, lo que le animó a solicitar un puesto en la consultoría de inversiones de Graham-Newman. Pero la ansiedad durante la espera de la respuesta le produjo pensamientos negativos, del tipo «Ya tienen suficientes economistas jóvenes», «Me falta experiencia», o «No me aceptarán». Y efectivamente, su pedido fue rechazado.

Warren volvió a trabajar con su padre como vendedor, hasta que en 1954 Benjamin Graham recordó a su brillante discípulo y le ofreció una posición en su despacho. El joven Buffett trabajó y aprendió junto a su maestro durante dos años, hasta que Graham se retiró en 1956. Warren pudo haber mantenido su puesto en la firma a las órdenes de Newman, que era también un excelente asesor financiero. Pero decidió que ya tenía las alas lo bastante fuertes como para volar solo.

Ese pensamiento esencialmente positivo lo impulsó a fundar Buffett Associates, su primera sociedad de inversiones, formada por Warren y otros siete socios que eran familiares o amigos. Poco después compró o participó otras sociedades complementarias e instrumentales. El futuro multimillonario aplicó estrictamente el enfoque inversor y la estructura de compensación que preconizaba Benjamin Graham. Con esa particular política financiera, entre 1956 y 1969 obtuvo beneficios anuales de un 30% de media, en un mercado cuya norma oscilaba entre el 7 % y el 11%.

La gestión de inversiones de Warren Buffett se apoyaba en tres tipos de operaciones:

MERCADO BURSÁTIL. Comprar títulos devaluados pero con un margen de seguridad y expectativas de recuperación a medio plazo. Y esperar. *(Ley del Ritmo: todo lo que llega a un extremo, tarde o temprano regresa hacia el otro extremo.)*

FUERA DEL MERCADO. Invertir en operaciones empresariales no afectadas por los cambios del mercado; como fusiones, adquisiciones, quiebras, liquidaciones, etc. *(Ley de Relatividad: el éxito existe porque existe el fracaso.)*

CONTROL DE EMPRESAS. Constituir holdings considerables, aliándose con otros accionistas o empleando «hombres de paja», para controlar las compañías y producir cambios favorables a sus intereses. *(Ley de Atracción: lo fuerte y sólido atrae nuevas vibraciones aún más sólidas.)*

Una de las principales estrategias de Buffett fue la inversión en compañías de seguros. Estas firmas pueden mantener legalmente una amplia reserva de dinero *(cash float)*, a fin de poder disponer de él para pagar sus aseguranzas. En realidad la aseguradora no posee ese dinero, pero puede invertirlo y retener los beneficios. El gran golpe de Warren Buffett fue la compra en 1962 del gran complejo industrial Berkshire Hathaway, perteneciente a la declinante industria textil. Ante los agoreros expertos que pronosticaban el desastre final de Berkshire, su nuevo dueño derivó todos sus otros negocios a sus colaboradores, para concentrarse en revivir la agonizante empresa. En la actualidad Berkshire es uno de los mayores holdings del mundo.

Con el tiempo y la influencia de su socio Charles Munger, las inversiones de Warren Buffett se fueron alejando de la ortodoxia especulativa de Graham, para centrarse en empresas o sectores de alto nivel con ventajas competitivas duraderas. Warren suele comparar ese tipo de corporaciones con un castillo medieval, rodeado por un foso que mantiene a distancia a los rivales; en lugar de las compañías que venden productos generales e indiferenciados, enfrentándose cada día a una fuerte competencia. Warren Buffett sigue comprando sólidos castillos con un foso lo más ancho posible, o sea invirtiendo en compañías que son líderes absolutas en su sector, se especializan en varios «nichos» exclusivos del mercado, o poseen otra característica única que las distancia de sus competidores. No debe ser una mala política, en tanto ha convertido a Buffett en el hombre más rico del mundo.

2. Los Slim: una familia con buena estrella

En 1902 desembarcó en el puerto de Veracruz Julián Slim Haddad, un chico libanés cristiano maronita de 14 años. Cargando sus escasos petates se dirigió a Tamaulipas, donde ya se habían afincado cuatro de sus hermanos. Julián trabajó duramente junto a su hermano mayor, con el que puso un comercio en la capital que llamaron «La Estrella de Oriente» en obvia referencia a sus orígenes. En 1914, en plenos fragores de la Revolución mexicana, el emprendedor joven le compró al socio fraterno su mitad de la tienda. Muchos años después su hijo mayor, Carlos Slim Helú, diría lo siguiente: «Si mi papá, en plena Revolución, con el país sacudido, siendo extranjero, sin todavía tener familia y sin el arraigo que te da el tiempo, confió en México y en su futuro, ¿cómo no iba a hacerlo yo?».

Carlos es hijo de Julián Slim y Linda Helú Atta, nacida en Chihuahua en otra familia de inmigrantes libaneses, que acabaron estableciéndose en la capital. La fe de Julián en sí mismo y en su negocio encontró una respuesta generosa de las Leyes del Universo. En pocos años reunió una considerable fortuna con «La Estrella de Oriente», llegando a poseer más de veinte propiedades en las cercanías del Palacio Nacional. Por su parte Carlos se tituló de ingeniero civil en la Universidad Autónoma de México (UNAM), y en1966 contrajo matrimonio con Soumaya Domit, también de origen libanés. Cuando en lugar de ejercer su profesión tuvo que dedicarse a gestionar los negocios familiares, no lo tomó como un fracaso sino como un desafío positivo y apasionante.

Con esas vibraciones favorables Carlos Slim prosiguió y amplió las compraventas inmobiliarias de su padre, siempre en el centro del Distrito Federal, al tiempo que invertía en negocios en declive que en poco tiempo hacía prosperar (cumpliendo la misma Ley Universal del Ritmo que habría de enriquecer a Buffet). En la década de 1980 Slim era ya un exitoso empresario, y su grupo Carso fue el único que se lanzó a invertir en el país durante la grave crisis de 1982. Entre otras inversiones adquirió la industria tabacalera Cigatam, fabricante de Marlboro y Phillip Morris, obteniendo un flujo de efectivo que le permitió comprar varias compañías en diversos sectores de producción y servicios.

Su gran salto adelante se produjo en 1990, con las privatizaciones de empresas públicas declarada por el presidente Salinas de Gortari. Con su indeclinable confianza en su buena estrella, Slim apuntó a la compañía telefónica nacional Telmex, asociándose con France Telecom y la estadounidense SBC. La ley establecía que el accionista principal debía ser mexicano, por lo que Corsa compró a un valor muy bajo el 20% en manos del gobierno, dado que el resto de las acciones permanecían en la Bolsa de Valores. Entre 1991 y 2006 Slim invirtió más de 30.000 millones de dólares en ampliar y modernizar la red telefónica mexicana y realizar varias operaciones en Latinoamérica. Telmex ha llegado a convertirse en la reina del conglomerado de empresas de Corsa, que emplean a unas 250.000 personas, significan el 40% de la capitalización de la Bolsa de México, y el 8% del producto bruto nacional.

En los últimos años, a partir del fallecimiento de Soumaya en 1999 y de sufrir una operación a corazón abierto al año siguiente, Carlos Slim se ha apartado casi totalmente de los negocios, dejando la gestión de sus empresas a sus tres hijos y dos yernos. En la actualidad, cerca ya de los 70 años, se dedica a disfrutar de la vida familiar, coleccionar obras de arte (posee cuadros de Monet, Degas, Van Gogh, y otros grandes maestros). En cumplimiento de la reciprocidad que aconseja la Ciencia del Éxito, financia varias entidades filantrópicas, y consagra su indeclinable energía a convencer a gobiernos y organismos internacionales de la necesidad de transformar la estructura económica de América Latina.

3. Bill Gates: el chico de oro de la informática

Bill Gates es quizás el emprendedor individual más favorecido por las Leyes del Universo, al punto que toda su carrera parece sembrada de respuestas positivas y vibraciones favorables. En el año 2006 era la persona más rica de Estados Unidos y del mundo, con una fortuna personal estimada en 50.000 millones de dólares. Acababa de cumplir 50 años, y era también el multimillonario más popular y admirado por su creatividad y su talento.

Alabado por su generosidad filantrópica y discutido por su dudoso comportamiento monopolista, nadie podía negar que había llegado a la cumbre del éxito por sus propios medios, utilizando una mente privilegiada y un particular sentido de la oportunidad. Su ferviente deseo fue siempre desarrollar al máximo esas dos virtudes, y sin duda obtuvo una apropiada respuesta de la Ley de Atracción.

Bill nació el 28 de octubre de 1955 en Seattle, con el nombre de William Henry Gates III, hijo de un abogado y una maestra de escuela. Su gran aventura tecnológica comenzó en 1968, cuando Bill y su compañero de colegio Paul Allen tenían 13 años. Apasionados por el naciente mundo de la electrónica, crearon un sistema para analizar los flujos de tráfico, que les descubrió las infinitas posibilidades de la programación informática. En 1973, durante su primer y único curso como estudiante en Harvard, Bill desarrolló un lenguaje para las primeras microcomputadoras que denominó BASIC. Al año siguiente abandonó la universidad para crear la firma Microsoft, junto a su inseparable amigo Allen. Ambos trabajaron en la creación de su primer producto estelar: un programa llamado MS-DOS (MicroSoft Disc Operating System) que era ya un sistema operativo, elemental pero revolucionario. El DOS fue adoptado por IBM para sus ordenadores personales, y Gates desplegó todo su talento comercial para conseguir que la mayoría de los otros fabricantes también lo utilizaran.

Microsoft continuó creciendo, al igual que sus beneficios, hasta llegar a tener un millar de personas empleadas y una cifra de ventas de 200 millones al año. El gran salto adelante se produjo en 1985, cuando la firma lanzó la primera versión de Windows («Ventanas»), un nuevo concepto en sistemas operativos que alcanzó rápidamente un liderazgo casi absoluto en ese rubro. A partir de entonces fueron surgiendo sucesivas versiones de Windows, mientras Microsoft diversificaba su producción a numerosas aplicaciones de software, desde programas de procesamiento de textos a buscadores en la red Internet.

Con su notable astucia para los negocios, Gates se las arregló para que esas aplicaciones sólo funcionaran con Windows o con su navegador Internet Explorer, dejando a sus competidores con una cuota mínima del floreciente mercado de productos informáticos. Las acusaciones y pleitos cayeron en cascada sobre Microsoft, tanto en Estados Unidos como en Europa. Los principales perjudicados, entre ellos IBM, Apple o Netscape, cargaron sobre Bill Gates, que llegó a pagar muchos millones en multas o acuerdos económicos con sus rivales. Su enfrentamiento con la Administración americana terminó con sólo una reprimenda y su promesa de no infringir en el futuro la ley antitrust. Tuvo menos suerte con la Comisión Europea, que impuso a Microsoft una multa record de 899 millones de euros por sus abusos monopólicos en el mercado informático de la Unión.

Casado con Melinda French desde 1994, Bill creó cinco años después la Fundación Bill y Melinda Gates, dedicada a promover programas de sanidad y educación en diversos países del mundo. Quizá fue su manera de retribuir el apoyo de las energías del Universo, por medio de la más metafísica de sus normas: La Ley de Reciprocidad. En junio de 2008 anunció oficialmente su retiro, después de 33 años al frente de la gestión cotidiana de Microsoft. Gates tiene 52 años, tres hijos con Melanie (Jennifer, Rory y Foebe), emplea a 55.000 personas en 85 países, y los últimos datos le atribuyen una fortuna personal de más de 60.000 millones de dólares. Quizá el futuro no lo recuerde como el «chico de oro» ni como el empresario sin demasiados escrúpulos a la hora de competir, sino por su rasgo más distintivo y admirable: haber sido el primer auténtico genio de la tecnología informática.

4. Lakshmi Mittal: el señor del acero

Una prueba de la omnipotencia de la Ley de Atracción es haber respondido puntualmente a los fantasiosos deseos del multimillonario indio Lakshmi Mittal. Por ejemplo, la lujosa y fantasiosa mansión que posee en el exclusivo barrio londinense de Kensington, considerada la vivienda particular urbana más cara del mundo. El magnate indio le pagó por ella 105 millones de dólares a su anterior propietario, el rey de la Fórmula 1 Bernie Ecclestone. La fachada, las fuentes y jardines recuerdan la blanca imponencia del Taj Mahal hindú, por lo que sus adversarios la llaman con envidiosa ironía «El Taj Mittal».

Sin duda Lakshmi Mittal, con un patrimonio de 45.000 millones de dólares puede permitirse esa y otras extravagancias, como ofrecer a su hija la boda más cara de la historia, celebrada en 2004 en el palacio de Versalles, por un coste de 65 millones de dólares. Mittal mantiene asimismo el capricho de comprarse un club de la liga inglesa de fútbol, aunque hasta ahora fracasó en sus intentos con el Everton y el Birmingham. Pero detrás de ese talante excéntrico hay un empresario audaz y talentoso, que parece un hijo afortunado de las Leyes del Universo.

El padre, Mohan Mittal, llevaba un pequeño taller metalúrgico en Calcuta, que junto a su hijo convirtió en una modesta acería con el nombre de Ispat. En 1976 Lakshmi tuvo noticias de una fábrica de acero de Indonesia que pasaba graves dificultades, se apresuró a comprarla a precio de saldo, y la transformó en una pujante Ispat Indo. Con sus beneficios compró otra firma siderúrgica en Kazajistán, en liquidación dentro del proceso de privatización de empresas estatales de la ex Unión Soviética.

Al finalizar la década de los 80 del siglo pasado Lakshmi Mittal es ya un magnate internacional del acero. Su grupo Mittal Steel tiene acerías o sucursales en Indonesia, Kazajistán, Argentina, Bosnia-Herzegovina, Estados Unidos, Macedonia, Polonia, República Checa, Rumania y Sudáfrica. En 2006 realiza su operación estelar con la compra de su principal competidor, el grupo euro-

peo Arcelor, por medio de una OPA de 30.000 millones de dólares. A-
ctualmente el holding Arcelor-Mittal es el mayor productor siderúrgico del
mundo, con 116 millones de toneladas anuales, cifra que cuadruplica la producción de su seguidor inmediato, la japonesa Nippon Steel. El multimillonario
indio aporta el 10% del acero mundial, emplea a 270.000 trabajadores, y cada
año realiza operaciones por unos 60.000 millones de dólares, que le reportan un
beneficio aproximado de 7.000 millones. Ocupa el cuarto puesto entre los más
ricos del mundo, gracias a su fortuna personal de 45.000 millones. Suficientes
para comprarse el auténtico Taj Mahal y casar a su hija en la mismísima Luna.

5 y 6. Mukesh y Anil Ambani: hermanos que no se hablan

El 28 de diciembre de 2004 todos los miembros del poderoso clan hindú
Ambani se reunieron en su ciudad de origen, Mumbai. la razón oficial de la
reunión era rendir homenaje en su aniversario al patriarca Dhirubhai Amabani,
fallecido dos años antes; pero el verdadero motivo era dilucidar el enfrentamiento de sus hijos Mukesh y Anil por la propiedad de la firma Reliance
Industries Limited (RIL) buque insignia del poderoso imperio industrial y
petrolero creado por su difunto padre. Asistían también al cónclave familiar las
hijas mujeres de Dhirubhai, Dipti Salgaocar y Nina Kothari, así como sus tíos
Kokilaben Ambani y K.V. Kamath, presidente del banco ICICI.

Unas semanas antes Mukesh había declarado en una entrevista que defen-
dería sus derechos de primogénito ante la ambición de su hermano Anil, a lo
que un portavoz de éste anunció que llevarían a Mukesh ante los tribunales.
Los rumores de ruptura corrían en los ambientes financieros de la India y el
resto del mundo, y la desavenencia fraterna podía causar graves pérdidas a la
RIL y las otras firmas del clan Ambani. No se sabe si Kokilaben y Kamath
conocían las Leyes que rigen el Universo, pero sin duda advirtieron que las

auras enfurecidas de los hermanos Ambani tendrían un efecto funesto sobre sus negocios. De modo que pusieron toda su influencia y sus esfuerzos para calmar los ánimos. Finalmente consiguieron que en lugar de la división, se hiciera una reestructuración del organigrama de la corporación, de forma que Mukesh y Anil nunca tuvieran que verse ni hablarse.

Los Ambani dejaron de emitir vibraciones negativas de violencia y fracaso, para concentrarse cada uno en el florecimiento de su parte del negocio. El holding liderado por la RIL, es hoy el mayor grupo empresario de la India, la más grande productora mundial de poliéster, posee una importante cuota en la producción textil y de fibra sintética, abarcando asimismo la petroquímica y las telecomunicaciones. Sólo Reliance Industries representa casi el 4% del PIB del país, y aporta el 10% del total de impuestos indirectos.

Mukesh Ambani alcanzó notoriedad por haber impulsado la construcción de la primera gran refinería de petróleo en la India, y por desarrollar un extenso sistema de comunicaciones por fibra óptica, que une a más de mil localidades con un coste de acceso que es el más barato del mundo. Pese a sus méritos como emprendedor comprometido con el desarrollo de su país, Mukesh no se priva de los gustos excéntricos propios de un multimillonario. Por ejemplo, el avión privado de 70 millones de dólares que regaló a su esposa Rita en su último cumpleaños, o la extravagante casa con dimensiones de rascacielos que está construyendo como residencia familiar. Según se dice, será un edificio de cristal de 30 pisos, con un diseño inspirado en los jardines Colgantes de Babilonia. Tendrá tres helipuertos, garage para 170 coches, zonas verdes, piscinas, y un cine, todo atendido por 600 personas de servicio. El coste de esta monumental «vivienda» rondará los 1.000 millones de dólares, con lo que será la residencia privada más cara del mundo, superando de largo al palacete londinense de su paisano Lakshmi Mittal.

En cuanto al hermano menor, Anil Ambani, tuvo cierta fama de mujeriego y juerguista en su juventud, al punto de ser más mencionado en los medios como playboy que como gran empresario. Después de la treintena se llamó a sosiego, se casó con la actriz de cine Tina Munim, tuvo dos hijos, y comenzó a ocuparse seriamente de sus negocios. Su ambición empresarial se reveló con contundencia en el enfrentamiento sucesorio con Mukesh, en el que obtuvo una importante participación en Reliance, tanto en el aspecto financiero como en las otras actividades del grupo. En 2008 su fortuna saltó doce puestos en el ranking de Forbes, situándose detrás de su hermano en el sexto lugar. Mukesh posee actualmente 43.000 millones de dólares, y Anil sólo mil millones menos. Si estuvieran bien avenidos reunirían, con diferencia, la mayor fortuna familiar del mundo.

7. Ingvar Kamprad: el millonario más austero del mundo

El magnate sueco Ingvar Kamprad, fundador y propietario de la famosa firma IKEA, ocupa el octavo lugar entre los multimillonarios de Forbes, y es también el menos dispendioso. Según se cuenta vuela en clase turista, no usa trajes a medida, toma el menú económico en restaurantes baratos, nunca deja propinas, y su casa está amueblada y decorada con los productos en serie de IKEA. Esa especie de contrafigura del millonario ostentoso, no le impidió soñar desde niño con amasar una gran fortuna. Se ve que sus vibraciones de humildad y modestia, iban siempre acompañadas por otra que expresaban continuamente el deseo de ser multimillonario. Su sentido obsesivo del ahorro y el esfuerzo fue la clave de su negocio, al ofrecer productos baratos y de buen diseño, en partes modulares que los clientes deben transportar y montar por sí mismos.

Nacido en 1926 en una granja llamada Elmtaryd, cercana a la aldea de Agunnaryd en el sur de Suecia, Ingvard despuntó su vocación en la adolescencia como vendedor ambulante, Comenzó comprando cerillas al por mayor, que revendía a los granjeros por una pequeña ganancia, recorriendo la zona en bicicleta. Luego incorporó una variada oferta que incluía pescado salado, semillas, tarjetas y adornos de Navidad, billeteras, bolígrafos y lápices.

Al cumplir 17 años recibió un regalo en metálico de su padre, por sus excelentes resultados en el colegio. Con ese dinero abrió una pequeña tienda de muebles, que registró con el nombre de IKEA (IK por sus iniciales; E por la granja donde nació, y A por la aldea donde lo bautizaron). El éxito de la empresa fue impresionante, y en 1953 Kamprad organizó su primera exposición de los muebles y productos domésticos de IKEA. Fue tal repercusión de esta muestra, que el gremio de mueblerías de Suecia presionó a los proveedores para que no sirvieran a IKEA, excluyéndola de las ferias nacionales del sector. Kamprad no se amilanó ante esa persecución de sus competidores, actitud positiva de fe y confianza en sí mismo que debió ser muy bien recibida por la Ley de Atracción. En respuesta al boicot de su gremio, buscó alternativas originales, como trabajar con diseñadores y artesanos independientes, comprar materiales en Asia y otras regiones ajenas al mercado europeo, y abrir tiendas IKEA en el exterior.

Hoy IKEA vende un variado catálogo de productos para el hogar, desde muebles a cortinados o utensilios de cocina, en sus tiendas en 40 países del mundo. Muchos de sus clientes son verdaderos fans del «estilo IKEA», basado en el diseño escandinavo y unos precios razonables a cambio de un poco de bricolage. En 1986 Anvar Kamprad dejó la dirección de la empresa en manos de sus hijos, manteniendo sólo un puesto como asesor. Hoy vive una plácida y austera ancianidad en su residencia de Lausana (Suiza), desde la cual quizá contempla el paisaje recostado en una bonita reposera de IKEA, cuyas piezas ensambló él mismo.

8. K. P. (Kushal Pal) Singh: el constructor visionario

Un caso particular en la aplicación de la Ciencia del Éxito es el emprendedor Sr. Singh, que obtuvo su deseo de riqueza por medio de grandes obras en beneficio de su país y sus conciudadanos. Su excepcional visión urbanística transformó en apenas dos décadas la obsoleta estructura urbana de la India, creando un nuevo concepto de ciudad satélite que se extendió por ese inmenso país y ha sido imitado en todo el mundo. Hoy su grupo DLF Limited es el mayor conglomerado inmobiliario mundial en términos de ingresos, beneficios, capitalización bursátil, y áreas desarrollables. En suma, ocupa una posición inatacable en la industria de la promoción y construcción de viviendas y servicios urbanos, con diseños innovadores y diversificados, con un nivel de facturación multimillonario.

Nacido en 1931, Kushal Pal Singh (al que todos llaman «K. P.» por insistencia propia) se graduó en Ciencias y estudió ingeniería aeronáutica en el Reino Unido. Tras varios años de servicios destacados en el ejército hindú, se incorporó en 1960 a la American Universal Electric Company. Más tarde pasó a la nueva firma inmobiliaria DLF Universal Ltd., de la que fue designado director gerente en 1979. Singh comprobó que bajo el sistema inmobiliario bajo control estatal que funcionaba en esa época, el desarrollo de las infraestructuras urbanas no sería suficiente ni adecuado para las nuevas generaciones. Un país que iba camino de convertirse aceleradamente en una superpotencia económica global, necesitaba transformar sus esquemas anticuados en el diseño de nuevas ciudades y de sus viviendas y servicios.

K. P. no era partidario de suprimir de un plumazo la gestión estatal y dejar la construcción totalmente en manos del libre mercado. Consideraba necesario un proyecto urbanístico integral con participación del sector privado y el sector público. Sólo así se podría emprender su plan de ciudades satélites complejas, con edificios de viviendas, oficinas, comercios, servicios y actividades de ocio. El otro polo del proyecto fue el entonces primer ministro Rajiv Ghandi (asesinado en 1991), que apoyó con entusiasmo la participación del Gobierno junto a la DLF Limited. La gran obra de K. P. Singh fue la ciudad satélite modelo de Gurgaon, una empresa histórica, gigantesca, increíblemente ambiciosa y completamente exitosa, que pasó a ser el ejemplo de desarrollo urbano más renovador e influyente, tanto para la India como a nivel internacional.

A sus 76 años K. P. Singh sigue actuando como presidente del Consejo de DLF y de otras 31 empresas privadas que abarcan varios sectores económicos. Su visión, su empeño y su talento le han permitido ser el empresario creativo que transformó y modernizó la forma de vida de amplios sectores de la sociedad india.

9. Oleg Deripaska: un millonario al estilo de la nueva Rusia

Oleg Deripaska es un producto típico del caos que siguió a la desaparición de la Unión Soviética. En esos años de confusión política y derrumbe económico, algunos jóvenes audaces y emprendedores se hicieron multimillonarios de la noche a la mañana. Muchos por medio de operaciones que rozaban la ilegalidad, aunque fueran técnicamente legales; otros ocupando a su manera el vacío en que cayeron las empresas y servicios estatales. Varios de ellos fueron luego perseguidos y encarcelados por el gobierno ruso, pero no Deripaska. Al menos hasta hoy.

Oleg Deripaska nació en Bielorrusia en 1968, con lo que tenía sólo 23 años en 1991, cuando la Unión Soviética derivó hacia el abismo económico y social. El joven vio claramente la oportunidad, y su mente se llenó de imágenes de opulencia y riqueza. Consecuente con esas vibraciones positivas, dejó sus estudios en la Universidad Estatal de Moscú para buscarse un empleo en el incipiente mercado metalúrgico. Entró como gerente de finanzas en la Aluminprodukt, y a través de esa empresa compró una opción por una planta de fundición en Siberia. Oleg fue designado director de la planta, con indicación de defenderla de los enfurecidos ataques del anterior propietario, que llegó a amenazarlo con un lanzagranadas antes de desistir en su resistencia. Ese fue el comienzo de una ascendente carrera en una de las industrias más conflictivas y violentas de la nueva Rusia. Poco después Deripaska contrajo matrimonio con Polina Yumashev, que casualmente era hija del jefe de gabinete de Boris Yeltsin. El flamante suegro estaba casado a su vez con una de las hijas del presidente, por lo que Oleg venía a ser nieto político del hombre más poderoso de la Federación Rusa.

No se sabe si ese entramado de parentesco influyó en los brillantes éxitos empresariales de Deripaska, cuya intimidad con el Kremlin no pasaba desapercibida a sus socios, clientes y adversarios. Cuando en 2003 Vladimir Putin lanzó su campaña de acoso y derribo contra los «oligarcas», los medios de comunicación especulaban con que Oleg Deripaska podía ser la próxima víctima. Sin embargo no pasó nada, aunque el hombre más rico de Rusia tiene varios pleitos pendientes en Londres y Estados Unidos. El multimillonario más joven del mundo tiene la entrada prohibida en este último país, así como en las reuniones de Davos, no sólo por sus antecedentes sino también por haberse opuesto ferozmente a la entrada de Rusia en la Organización Mundial de Comercio.

10. Karl Albrecht: el hombre más rico de Alemania

Nacer en una familia muy humilde poco después de una guerra desastrosa, atravesar la niñez en medio de una durísima crisis económica y social, vivir en la adolescencia el delirante auge del nazismo, y llegar a la juventud al estallar una segunda guerra mundial aun más terrible que la anterior, no son los mejores antecedentes para hacerse multimillonario. Sin embargo Karl Albrecht consiguió esa proeza, junto a su hermano menor Theo, compartiendo visiones optimistas y favorables de su futuro posible. Con esas imágenes en la mente, iniciaron su camino hacia la abundancia; y lo hicieron de forma modesta y discreta, en un rubro sin grandes milagros financieros ni inversiones arriesgadas con beneficios suculentos.

El padre de Karl y Theo era un minero en la región del Valle del Ruhr, que a causa del polvo de carbón sufrió una lesión pulmonar que lo invalidó para ese oficio. Pasó entonces a trabajar como ayudante en un horno de pan, mientras su mujer abría un pequeño colmado de alimentación para ayudar en la escasa economía familiar. Cuando la madre quedó viuda, Theo pasó a colaborar con ella en su tienda y Karl consiguió un empleo en un refinado comercio de ultramarinos y *delicatessen*. Ambos hermanos adquirieron así experiencia en los dos extremos del negocio de vender alimentos: la tienda de barrio y la casa de productos selectos para gourmets.

Estalló entonces la guerra y los Albrecht fueron movilizados, Karl en el frente oriental y Theo en un destacamento auxiliar del *Afrika Korps*. Su paso por el ejército alemán transcurrió sin mayores incidencias. Al terminar la contienda Karl, como primogénito, se hizo cargo del negocio familiar. La crisis de posguerra fue nuevamente muy dura, y la gente apenas podía permitirse una alimentación de subsistencia. Albrecht tuvo entonces la idea que fue el germen de sus millones: no gastar en nada que no fuera la compra de su mercancía, y venderla muy barata con una ganancia mínima. Con el nombre de Albrecht Discount (transformado rápidamente en ALDI) ofrecían productos básicos de aceptable calidad, a veces en cajas o cestas de varios de ellos a precio de oferta. El mayor lujo de las familias modestas era entonces la mantequilla, que sólo ALDI vendía a un precio razonable (todavía hoy su mantequilla es la más barata de Alemania).

Ése y otros detalles hicieron aumentar la clientela de ALDI de forma espectacular. Una década después, hacia 1957, los hermanos Albrecht eran dueños de una cadena de 15 tiendas que se extendía por toda la región. Karl y Theo mantuvieron a rajatabla su política de obtener un gran volumen de ventas con un margen corto de beneficios. A medida que su empresa se fue convirtiendo en un imperio alimentario, decidieron dividirlo en dos: Karl se quedó con las tiendas del sur de Alemania, y Theo con las del Norte. En la actualidad ALDI posee 4.000 supermercados que venden todo tipo de productos en Alemania y otros países, y sigue siendo la cadena con los precios más bajos en ese competitivo sector de negocios.

En su vida privada los Albrecht, ya octogenarios, son muy austeros y reservados, al punto de que la mayor parte de lo que se dice de ellos son suposiciones o especulaciones de la prensa. Se sabe que Karl tiene dos hijos y varios nietos, y que se enriqueció mucho más con su próspera región Sur que Theo con la del Norte, aunque éste no vive precisamente en la miseria. Theo fue hace un tiempo víctima de un secuestro, cuyos detalles se han mantenido en secreto, y según parece ambos juegan o jugaban muy bien al golf. Si son conscientes de la decisiva ayuda que recibieron de las Leyes del Universo, no es muy probable que lleguen a divulgarlo.

Autores
y bibliografía consultados

Autores consultados para elaborar este libro

❋ **Bhatnagar, Anil.** Maestro de reiki, guía y conferenciante en temas de terapia motivacional y crecimiento personal, el profesor indio Anil Bhatnagar es un hombre de variados intereses en temas de espiritualidad y relación cuerpo-mente. Entre sus principales obras se cuentan el superventas *Transform Your Life whith Reiki* (Transforma tu vida con reiki); y *The Little Book of Forgiveness* (El pequeño libro del perdón).

❋ **Byrne, Rhonda.** Tras sufrir una serie de acontecimientos traumáticos tanto en su vida personal como profesional, Rhonda Byrne descubrió *El Secreto*. Fue en la primavera de 2004, cuando cayó en sus manos un libro centenario que le hizo vislumbrar el principio que transformaría su vida. Rhonda estudió a los grandes personajes de la historia, leyó decenas de libros y acumuló numerosas horas de investigación. *El Secreto* de Rhonda Byrne ha sido num.1 en listas de *best sellers* en EE.UU. En España ocupó los primeros puestos de las listas de ventas.

Hicks, Esther. Junto con su marido Jerry, son autores del *best seller La ley de la Atracción,* publicado en España por Editorial Urano, Barcelona, 2007. En esta obra, Esther y Jerry Hicks nos invitan a profundizar en estas leyes, a la vez que nos proponen ejercicios y prácticas para ponerlas a nuestro favor, centrados en la meditación, en la llamada «intención segmentada» y en un taller creativo para atraer la prosperidad.

Kummer, Peter. Psicólogo alemán, discípulo dilecto de Joseph Murphy, cuya obra difundió en su país. Ha publicado varios libros sobre el tema, entre ellos *Ich Will, Ich Kann, Ich Werde!* (¡Yo quiero, yo puedo y lo alcanzaré!) y *Todo es posible* (Ediciones Robinbook, 1995). Kummer dirige diversos cursos y seminarios sobre Pensamiento Positivo y participa en programas de la radio y televisión alemanas.

Patent, Arnold M. Es autor de los *best sellers Puedes tenerlo todo* y los más recientes *Money* y *The Journey*. Ha apoyado a miles de personas con sus *Principios Universales* a través de los cientos de seminarios que ha dirigido y los Grupos de Apoyo Mutuo que se formaron por todo el mundo en los ochenta y noventa, muchos de los cuales todavía se reúnen a día de hoy. El actual programa de Arnold se llama *Círculo del Amor*.

Ray, James Arthur. Es un líder que también ha alcanzado altos honores en el mundo de los negocios como un próspero empresario. Ray se sumerje en las ciencias del comportamiento, la experiencia como empresario, y su ávida búsqueda de conocimiento espiritual propone una única y poderosa capacidad de abordar temas de la vida de manera integrada y global.

Bibliografía

Barnaby, B. *Más allá de El Secreto.* Robinbook, Barcelona, 2007.

Castaneda, Carlos, *El arte de ensoñar*, Círculo de Lectores, Barcelona, 1994.

Chopra, Deepak, *Curación cuántica*, Plaza & Janés Editores, 1997.

Godefroy, Christian H., Steevens, D. R., *Las técnicas del pensamiento positivo*, Ediciones Robinbook, 1995.

Goswami, A. *The Self-Aware Universe.* Penguin Putnam, Nueva York, 1993.

Gregory, E. *The Feel Good Guide to Prosperity.* Buchman, California, 2006

Hollywell, R. *Working With The Law.* Christian Philosophy, Arizona, 1992.

Kahneman, D. *et al. Well Being: Foundations of Hedonic Psychology.* Rusell Sage Found., 2003.

Martel, Ghislaine D., *Eres energía*, Ediciones Robinbook, 1994.

Nichols, L. *Ladies Can We Talk.* Private Press, Chicago, 2007.

Patent, Arnold M., *Puedes ternerlo todo*, Ediciones Robinbook, 2004.

Proctor, B. *You Where Born Rich.* Life Success, Nueva Tork, 2006.

Sévigny, Daniel, *Las claves de el secreto*, Swing, (Robinbook), 2008.

Wheatley, M. *Leadership and The New Science.* Berret-Koheler, California, 1994.

Zweig, J. *Your Money & Your Brain.* Simon & Schuster, 2007.

Centros del Nuevo Pensamiento en España y Latinoamérica

❋ **España**
En Alicante:
Aembk Alicante. Avda. Dr. Gadea 17, entlo. izda, 03003 Alicante; tel. 965 253 681/656 388 835; e-mail: alicante@es.bkwsu.org / www.aembk.org

En Barcelona:
Aembk Barcelona. Diputació 329, pral, 08009 BarcelonaL; tel: 932 720 843/934 877 667; e-mail: info@aembk.org/www.aembk.org
Centro de Medicina Homeopática y Biológica.
Del Cós, 68, 2º, 08241 Manresa, Barcelona; tel: 938 725 777/938 725 960
Brusi 39, 08006 Barcelona; tel: 932 008 134/938 722 244
Reiki Armonia. Balmes 434, 8º, 8022 Barcelona
Santa María 12, 1º A, 08190 Sant Cugat Del Vallès, Barcelona

En Bilbao:
Centro Delta Psicología. Colón de Larreátegui 26, bajos B, 4801 Bilbao; tel: 944 241 960; e-mail: ihgdelta@correo.cop.es

En Donostia/San Sebastián:
Centro de Psicología Integral e Instituto de PNL Integrativa. Secundino Esnaola 16, entlo. izda, 20001 Donostia-San Sebastián, Gipuzkoa; tel: 943 291 661/659 808 476

En Gijón:
Centro de Orientación y Desarrollo Personal. Tel: 653 539 928; Gijón.

En Lleida:
Centre Internacional New Age. Humbert Torres 16, 8è, 25008 Lleida; tel/fax: 973 244 975/609 949 316; e-mail: husborrell@menta.net

En Málaga:
Centro De Yoga Integral Ganesha. Fuente Nueva 11, bajo, San Pedro de Alcántara 29670 Málaga; tel: 952 787 309
Comunidad Terapéutica Hacienda De Toros. Ctra. de Istan Km 4, 29600 Marbella (Málaga); tels: 952 827 193/952 786 653

En Madrid:
Aembk Madrid. Orense 26, 1ª pta. 3, 28020 Madrid; tel: 915 229 498
Fax: 915 565 764; e-mail: infomadrid@aembk.org
Centro de Kundalini Yoga. Tel: 639 568 038;
e-mail: yoga@kundaliniyoga.cjb.net
Centro de Reiki Shambaluz. López de Hoyos 120, 5ºE, 28023 Madrid; tel: 912 205 574/670 491 493; e-mail: maestros@shambhalaluz.com
Centro de Yoga Om Ganesha. Gran Capitán 16, Móstoles 28933 Madrid; tel: 916 475 660; www.yogamostoles.com
Centros Sivananda Vedanta. Eraso 4 bajos, Madrid; tel: 913 615 150;
e-mail: madrid@sivananda.net
Escuela de Inteligencia de la Universidad Camilo José Cela.
Jacometrezo, 15 (Callao), 28013 Madrid; tel: 915 488 176/ 902 151 743;
e-mail: info@escueladeinteligencia.com / www.escueladeinteligencia.com

En Santander:
Centro Alisal. Los Ciruelos 44, bajo, Santander; tel: 942 339 959; info@centroalisal.com

En Sevilla:
Aembk Sevilla. Padre Marchena 17, 41001 Sevilla; tel: 954 563 550/ Fax: 954 561 656; e-mail: sevilla@es.bkwsu.org / www.aembk.org

En Vizcaya:
Centro De Salud Surya. Mª Díaz De Haro 58, bajo; 48929 Portugalete, Vizcaya; tel: 944 951 834; e-mail: info@centrosurya.org

* **Argentina**
En Salta:
Las Rosas 140, 4400 Salta; tel: (387) 439 5326; e-mail: alde@arnet.com.ar

En Santa Fe:
San Martín 1845, 3000 Santa Fe; tel. y fax: (342) 459 2536; e-mail: paillet@ciudad.com.ar

En Buenos Aires:
Centro Sivananda Vedanta. Sánchez de Bustamante 2372, tel: 4804 7813/4805 4270; e-mail: buenosaires@sivananda.org

* **Aruba**
Victor Hugo Straat, 5; Orangestad, Aruba; tel: 583 2110

* **Chile**
Centro Vida Vital. Los Carrera 95 Quilpué; tel: 926238 www.vidavital.cl

Estados Unidos
En Miami:
P.O. Box 651600, Miami, Fl. 33265-1600; tel. y fax (305) 263 6712 / (305)
299 9236; e-mail: juliestefan@aol.com

Honduras
Pedir información al teléfono 504 232 1435

México
Bosque de Inglaterra n.° 18, Fracc. Bosques de Aragón, Netzahualcoyotl,
Estado México. C. P. 57170; tel: 794 8946; fax: 766 2591

Puerto Rico
En San Juan:
Av. De Diego, Edificio Torre Museo 312, suite 503, Santurce; tel: 724 8686

Uruguay
En Montevideo:
Acevedo Díaz 1523, 11200 Montevideo; tel: 598(2) 4010929 e-mail: monte-
video@sivananda.org

Venezuela
En Caracas:
Ateneo de Caracas, sala B, 3$^{er.}$ piso; tel: 978 1753 / 978 1653.

En Charallave:
Calle 15 Miranda, Qta. Taguapire, planta alta, Charallave, Estado Miranda; tel:
039 98 74 23 y 014 938 84 05; e-mail: zhairm@cantv.net